W9-BYF-618

VIVE
tu vida al
ROJO VIVO

VIVE
tu vida al
ROJO VIVO

Secretos para triunfar en todo

María Celeste Arrarás

ATRIA ESPAÑOL

NUEVA YORK   LONDRES   TORONTO   SÍDNEY

ATRIA ESPAÑOL
Atria Español
Una división de Simon & Schuster, Inc.
1230 Avenue of the Americas
New York, NY 10020

Primera edición en cartoné de Atria Español, mayo 2009

ATRIA ESPAÑOL y colofón son sellos editoriales
de Simon & Schuster, Inc.

Para obtener información respecto a descuentos especiales en ventas al
por mayor, diríjase a Simon & Schuster Special Sales al 1-866-506-1949
o a la siguiente dirección electrónica: business@simonandschuster.com.

La Oficina de Oradores (Speakers Bureau) de Simon & Schuster
puede presentar autores en cualquiera de sus eventos en vivo.
Para más información o para hacer una reservación para un evento,
llame al Speakers Bureau de Simon & Schuster, 1-866-248-3049
o visite nuestra página web en www.simonspeakers.com.

Diseñado por Suet Chong

Impreso en los Estados Unidos de América

5   7   9   10   8   6   4

ISBN-13: 978-1-4391-0188-9
ISBN-10:   1-4391-0188-4

En honor a mis papás, Astrid Mangual y
José Enrique Arrarás, que me dieron la vida y
ayudaron a forjar mi carácter.
Espero que después de leer este libro,
mis hijos estén tan agradecidos y orgullosos de
mí como yo lo estoy de sus abuelos.

ÍNDICE

———∞∞∞———

Prólogo		1
1	*El amor no debe ser el dueño de tu destino*	5
2	*Sé siempre el mejor o el peor, nunca mediocre*	15
3	*La gente no es buena ni mala sino producto de las circunstancias*	26
4	*Cuando enfrentes un problema, aférrate a tu integridad*	33
5	*Es mejor ser cabeza de ratón que cola de león*	41
6	*Donde otros ven obstáculos, busca las oportunidades*	48
7	*Cuando tu dignidad esté en juego, defiéndela hasta el fin*	53

ÍNDICE

8   Si quieres llegar lejos, no permitas
    que la palabra "no" te cierre el paso   57

9   Hasta tus errores pueden mostrar lo mejor de ti   62

10 De los limones agrios sale la mejor limonada   66

11 Nunca te desanimes, siempre hay luz al final
    del túnel   78

12 Para alcanzar una meta a veces hay que
    tomar el camino menos pensado   83

13 Vacilar es de tímidos y de muertos   89

14 Los actos de bondad siempre son
    recompensados   97

15 Renunciar a los rencores nos libera y nos
    abre el camino   103

16 Tu mente es un arma poderosa, así que no la
    uses en tu contra   110

17 Sólo tenemos una vida y hay que vivirla
    intensamente   117

18 Préstale atención a tu sexto sentido   124

19 El amor te espera donde menos lo esperas   132

20 Nuestro nombre es nuestra más preciada
    posesión   143

21 Tu palabra debe ser inquebrantable porque si
    faltas a ella te faltas a ti mismo   150

22 Si quieres mantener algo secreto no se lo
    cuentes a nadie, ni a tu mamá y mucho
    menos a la mamá de otro   161

23 Extiéndele una mano aun a quien no fue
    bueno contigo   165

24 El prejuicio puede cegarte a la realidad
    del mundo   171

25 Cambiar el mundo para bien es una
    recompensa de por sí   176

26 El resentimiento es un ancla pesada que
    puede hundirte   185

27 Nada duele más que el látigo de la
    indiferencia   194

28 No permitas que una mala experiencia
    te haga perder la fe en los demás   200

29 Aunque quieras vender revistas, no
    vendas tu alma   215

30 Sabrás que es amor verdadero cuando estés
    dispuesto a sacrificar una langosta por
    atún en lata   220

31 Las personas que parecen insignificantes
    son quienes a menudo logran cosas
    verdaderamente importantes   224

ÍNDICE

32   No discutas con tu mamá porque probablemente
     ella tenga la razón   229

33   Para ser perdonados debemos asumir
     todo el daño que hemos hecho   236

34   Ser inolvidable no cuesta nada   245

La última lección: Una brújula para la vida   253

Una carta a mis hijos   256

Agradecimientos   258

VIVE
tu vida al
ROJO VIVO

PRÓLOGO

Siempre supe que llegaría el momento de finalmente llevar al papel el libro que durante años estuve escribiendo en mi mente.

Ese momento llegó una noche del año 2007 cuando al regresar del trabajo más tarde que de costumbre descubrí tres bultos debajo de mis sábanas. Mis hijos, Julián, Adrián y Lara, se habían quedado dormidos esperando mi llegada. Esa noche apenas había espacio para mí en la cama, pero no me importó.

Hice un huequito y me acomodé, sintiéndome culpable

por no haber llegado más temprano para compartir con ellos y disfrutar del bienestar que sólo siento cuando los tengo entre mis brazos.

Estaban profundamente dormidos y cuando levanté las sábanas para besarlos, me llevé el susto de mi vida. ¡Esos no eran mis hijos!

En vez de mis "bebés", encontré a tres niños enormes que ocupaban prácticamente todo el colchón. Con razón no había espacio para mí.

Después de unos instantes, que parecieron una eternidad, me di cuenta de que ni mis hijos habían sido secuestrados, ni yo estaba alucinando. Mis pequeños habían crecido de repente, en un abrir y cerrar de ojos, y hasta ese momento yo no me había dado cuenta. Sentí que la vida me estaba pasando por delante a la velocidad de un rayo. Mil emociones diferentes invadieron mi cuerpo, pero la principal fue miedo. Miedo de que si pestañeaba otra vez, mis hijos serían adolescentes. De que podría morir sin haberles enseñado tantas cosas. Miedo de lo inevitable: de que un día, muy pronto, cada uno se enfrentaría al mundo, solo, sin tenerme a su lado protegiéndolos incondicionalmente.

En ese momento, comprendí que era hora de abrirles los ojos, y esa noche no pude cerrar los míos.

Sentada en una esquinita de la cama comencé a escribir este libro, que espero sea leído por mis hijos como una brújula, para navegar seguros en el turbulento mar de la vida.

Son las lecciones que he aprendido a través de mi camino. Espero que les provean dirección en los momentos difíciles. Este es mi legado, mi propia esencia. El libro que hubiera querido tener a la mano tantas veces en que necesité un faro que me iluminara el camino. Ojalá le sirva a mis hijos como un escudo que los proteja del peligro y de sí mismos.

Me lo debo a mí y se lo debo a ellos, antes de su próxima metamorfosis.

1

———∞∞∞———

EL AMOR NO DEBE SER EL DUEÑO DE TU DESTINO

Es posible aprender de los errores ajenos.

Mi mamá es una mujer extraordinaria que habla tres idiomas, toca el piano como una concertista, se graduó de la universidad con un título en química y puede hablar con autoridad de cualquier tema. Pero cuando se trata del corazón, ella misma admite que es bastante tonta, pues sacrificó sus sueños y aspiraciones en nombre del amor, una y otra vez.

Algo que hizo bien, fue asegurarse de que yo no hiciera lo mismo. Gracias a ella, nunca lo he hecho.

Mi mamá se casó con mi papá dos meses después de graduarse *magna cum laude* de la universidad con un título en química. Aunque le habían otorgado una beca para que continuara sus estudios en Bélgica, para sorpresa de todos ella siguió el consejo de su mamá y se marchó con mi papá a Inglaterra, donde él había recibido una beca para continuar sus estudios. En ese entonces, cuando una mujer se casaba, la expectativa era que se quedara en casa criando a los niños.

Como esposa, mi mamá se convirtió en el complemento perfecto para mi papá, quien años después fue nombrado rector de la Universidad de Puerto Rico en Mayagüez, donde mi hermana y yo nacimos. Todas las tardes, después de clases, ella invitaba a varios profesores a nuestra casa en el recinto y pasaban largas horas discutiendo sobre temas de filosofía, arte y literatura. Vivíamos bien y disfrutábamos de los beneficios que nos brindaba la posición de mi papá: una cocinera, un chofer y una niñera.

Pero el divorcio de mis padres lo cambió todo. Mi papá dejó la universidad por la política y mi mamá, mi hermana y yo nos mudamos al apartamento de mi abuela en San Juan. Fueron años difíciles. Mi papá se había postulado para la alcaldía de San Juan y como no tenía ingresos, se le hacía difícil pagarnos el colegio privado y enviar la pensión de $500 mensuales. A mi mamá no le quedó otra alternativa que buscar un trabajo. Fue un brusco despertar. Le tocó competir con profesionales mucho más jóvenes que ella, que tenían maestrías y doctorados. Y después de pasar más de una década desvinculada de su profesión, mucho de lo que había aprendido ya era obsoleto por los avances de la tecnología.

Era una ama de casa sin casa ni marido.

Vi cómo su mundo cambió drásticamente. La vida llena de privilegios que antes tenía como esposa del rector de la universidad se convirtió en una vida llena de incertidumbre y sacrificios. Le tocó empezar de abajo para salir a flote y para redescubrir quién era como persona. En el proceso, mi mamá se aseguró de que su ejemplo me sirviera de enseñanza. Siempre me decía: "La inteligencia es más importante que la belleza, Mari. Estudiar mucho y tener una carrera es la única garantía que tenemos en la vida".

A los trece años comencé a trabajar cuidando a los niños de mis vecinos para poder comprarme la ropa de moda que yo, adolescente al fin, quería lucir. Nunca olvidaré el día en que entré a una tienda Lerner's y con el billete de $20 que me había ganado compré una camisa roja que decía en letras blancas "paz y amor". Se convirtió en mi más preciada posesión.

Mi mamá consiguió un empleo en la Estación Experimental Agrícola de la Universidad de Puerto Rico en Río Piedras, donde conoció al hombre que luego se convertiría en su segundo esposo, un médico peruano al que poco después se le presentó la oportunidad de hacer su residencia como médico en New Jersey.

Una vez más, mi mamá sacrificó su carrera por el amor. Decidió seguir a su marido y más tarde tuvieron dos hijos. Como mi hermana y yo estábamos a la mitad del semestre escolar, se decidió que nos iríamos a vivir con mi papá y su nueva esposa.

En New Jersey, mi mamá volvió a ser ama de casa y a cuidar de sus hijos, uno de los cuales desarrolló un severo retraso mental y autismo, a consecuencia de una deficiencia de la tiroides que no fue diagnosticada a tiempo. Su esposo no pudo con la carga de tener un hijo discapacitado y después de ocho años de matrimonio, la abandonó. Unos meses más tarde, dejó de pagar la manutención de sus hijos.

En esa época, mi madre siempre me recalcaba: "Nunca pongas tu vida en las manos de un hombre. Asegúrate de ser autosuficiente y económicamente independiente para que no tengas que pasar por lo que yo estoy pasando".

Sin embargo, más que sus consejos, lo que dejó fue una

gran huella en mí fue ver cómo ella, la mujer que más respeto en el mundo entero, se levantó y rehízo su vida por segunda vez.

Aun teniendo una mayor desventaja, pues estaba en el extranjero y era una mujer mayor, salió adelante. Gracias a su preparación académica y a su conocimiento de varios idiomas, consiguió empleo en una compañía farmacéutica internacional y con mucho esfuerzo ascendió al puesto de administradora.

Su trabajo quedaba a cuarenta millas de la casa, de manera que debía levantarse a las cuatro de la mañana para preparar el desayuno de mis hermanos, ducharse y salir a toda prisa. Como no tenía tiempo de secarse el cabello, durante el invierno éste se le congelaba caminando de la casa al auto. Fueron muchas las veces en que manejando de regreso a casa tras un largo día de trabajo, se quedaba dormida al volante. Por suerte, nunca sufrió un accidente. Mi mamá tiene la convicción de que un ángel guardián siempre la acompañó porque los ángeles protegen a las mamás que crían solas a sus hijos. Ella cree firmemente en que cuando uno se sacrifica por los demás, Dios se encarga del resto.

Mi mamá pasó dieciséis años trabajando arduamente y criando a mis hermanos. El mayor se graduó de la escuela superior con honores y, a insistencia de ella, después de la universidad continuó sus estudios para obtener una maestría.

Profesionalmente, mi mamá nunca alcanzó su potencial, pero su sacrificio fue recompensado cuando trabajando en la empresa farmacéutica conoció a un científico soltero y sin hijos que se enamoró de su gran corazón y alma luchadora. Un tiempo después se casaron, y desde ese momento, él se convirtió en un verdadero padre para mi hermano discapacitado.

Presenciar lo que pasó mi mamá me marcó tanto que me juré a mí misma que estudiar y tener una carrera serían mi prioridad y que nunca pondría mi destino en las manos de un hombre. Claro que nunca descarté la idea de enamorarme, casarme y tener hijos. Simplemente desde muy joven me propuse que siempre sería la dueña de mis propias decisiones y que no me arriesgaría a perderlo todo por amor.

Con un préstamo estudiantil, asistí a la Universidad Loyola en Nueva Orleáns, Luisiana, y en mi tiempo libre hice diferentes trabajos para cubrir mis gastos. Fue así como logré comprar mi primer auto, un Volkswagen Karmann Ghia usado, por el que pagué seiscientos dólares. Cuando no tenía clases, pasaba el día entero sirviendo helados en Häagen-Dazs y terminaba con tanto dolor en las muñecas de servir helado, que antes de acostarme tenía que tomar aspirinas para aliviarlo. También trabajé en un restaurante donde para entrar al congelador donde guardábamos los bananos cubiertos de chocolate, tenía que usar un traje parecido al de los astronautas en el espacio. Además, fui mesera, servía hamburguesas y pizza por pequeñas propinas y en más de una ocasión tuve que soportar las groserías de algún que otro cliente. Para colmo, a la hora de cerrar el restaurante me tocaba limpiar el piso.

Me gradué con un título en comunicaciones, al igual que mi novio, un chico del estado de Virginia. Pero en vez de seguirlo a él, como mi mamá hizo con mi papá, él me siguió a mí. Aunque no hablaba ni una palabra de español, se mudó a Puerto Rico con tal de estar a mi lado. Una vez en la isla, se nos hizo evidente que por nuestras diferencias culturales no éramos el uno para el otro, y terminamos nuestra relación.

Ni estando casada perdí la perspectiva. Durante mi primer matrimonio me ofrecieron la oportunidad de mi vida: un trabajo que me permitiría entrar al mercado hispano de televisión como presentadora de noticias en una importante estación en Nueva York. Guiado por su amor incondicional, mi esposo me dejó ir. Pero vivir en diferentes ciudades hizo que nos fuéramos distanciando y con el tiempo nos divorciamos.

En un período de cinco años, mi carrera me llevó de San Juan a Nueva York, Los Ángeles y Miami. Me sentía como una gitana. Me volví a enamorar, pero cada vez que me lo exigía mi trabajo, no vacilaba en mudarme. Mis sentimientos eran fuertes, pero el temor de terminar como mi mamá era más fuerte aun.

Conocí a mi segundo esposo después de vivir varios años en Miami. En ese momento, me sentía lista para establecerme y formar un hogar. Juntos vivimos una linda historia de amor y tuvimos tres hijos. Pero no niego que fue difícil tratar de conciliar el tener una familia y mantener una carrera exitosa. Estaba tan decidida a ser la esposa, mamá y profesional perfecta, que no vi lo que se avecinaba: él había comenzado a salir con otra.

La noche en que me enteré no pude pegar los ojos. Así, exhausta y ansiosa como estaba, abordé un avión al amanecer rumbo a Nueva York, donde tenía programada una reunión con el presidente de la cadena de televisión de habla inglesa NBC. Tuve que sacar fuerzas de donde no tenía para mantener mi concentración y no desperdiciar ese encuentro tan crucial para mi carrera, que podría abrirme las puertas del mercado anglosajón. No iba a permitir que nada interfiriera con mis metas, ni siquiera una de las decepciones más dolorosas de toda mi vida.

He aprendido que es posible encontrar el amor, el verdadero, apasionado y trascendente, en más de una ocasión. Pero hay una gran diferencia entre entregarle nuestro amor a alguien y perdernos en el laberinto del amor. Sé que si no hubiera sabido distinguir entre ambas cosas, mi segundo divorcio además de devastarme emocionalmente me hubiera llevado a la ruina económica.

Durante diez años esa relación enriqueció mi vida, pero nunca definió la persona que soy porque tras ser testigo de lo que pasó mi mamá, aprendí a establecerme y a forjar una carrera independientemente de mi ex esposo. Antes y después de esa relación, sigo teniendo mi propia identidad. Creo que la única persona que debe marcar el rumbo de nuestra vida es uno mismo.

Eso no significa que sea fácil. No hace mucho estaba a punto de salir de viaje al África con alguien a quien quería muchísimo, cuando me llamaron del programa matutino *Today* de la cadena NBC. Poco antes había participado en el show como copresentadora invitada y ahora querían que volara a Nueva York para hacerlo una vez más. Desafortunadamente, reclamaban mi presencia justamente el mismo día en que mi pareja y yo nos íbamos de vacaciones. Aceptar la oferta significaba que tendría que reorganizar todos los planes y arriesgarme a que no hubiese vuelos disponibles. Así que me encontraba entre la espada y la pared. Por supuesto, a mi compañero le disgustó la idea de tener que cambiarlo todo a último minuto y me amenazó con irse al viaje por su cuenta. "Yo me voy como lo programado y tú te vas cuando quieras", concluyó molesto. Por primera vez en mi vida, me pregunté si era hora de hacer lo que me dictaba mi corazón.

Cuando llamé a mi agente y amigo Raúl Mateu para explicarle mi dilema, él no titubeó: "El que quiera que tú desperdicies una oportunidad tan importante como esta, no merece estar contigo", me dijo. "Te lo digo yo, que soy el otro hombre de tu vida. Cuando te vean en *Today*, ¡todos los hombres de Estados Unidos se van a volver locos por ti!"

Finalmente, mi compañero entendió, porque en el fondo, es un hombre comprensivo. Y no sólo trabajé en el programa, sino que conseguimos otro vuelo y al día siguiente partimos rumbo al África.

Es posible que algunos piensen que soy calculadora y poco romántica, pero se equivocan. Para poder dar lo mejor de sí en una relación, hay que ser una persona íntegra. De lo contrario, no hay nada que ofrecer. Y eso sólo podemos lograrlo cuando alcanzamos nuestras metas como individuos. Sólo entonces tendremos la capacidad de escoger a una pareja por sus cualidades como ser humano, sin dejarnos llevar por nuestras inseguridades y necesidades económicas. Así, cuando finalmente entreguemos nuestro corazón, esa persona sabrá que se lo ganó por sus propios méritos.

2

SÉ SIEMPRE EL MEJOR O EL PEOR, NUNCA MEDIOCRE

La casa estaba en calma, aún en penumbras, cuando mi papá solía despertarme a las cinco de la mañana para ir a nadar.

Me costaba mucho levantarme tan temprano. Como cualquier niña de ocho años, a veces me dejaba vencer por el sueño y regresaba a la cama, pero el solo hecho de pensar que mi papá entraría y me descubriría, era suficiente para abandonar las sábanas. Él me animaba y me ayudaba a prepararme para esta faena diaria. Mientras yo me ponía el traje de baño debajo del uniforme escolar, él hacía el desayuno y colocaba sobre la mesa diez pastillas de germen de trigo que yo tomaba para tener más energía. Lo cierto es que era muy temprano, pero también era un momento especial porque tenía a mi papá sólo para mí. Mi papá, como la mayoría de las personas brillantes, usualmente oscila entre dos extremos: o se concentra completamente en una cosa o es incapaz de realizarla porque tiene la mente puesta en varias cosas a la vez. Cuando yo nadaba, él estaba presente en cuerpo y alma, enfocado únicamente en mí.

A esa hora temprana los demás miembros de mi equipo de natación probablemente todavía estaban durmiendo. Me los imaginaba calientitos en sus camas mientras mi papá y yo nos dirigíamos a la piscina olímpica de la Universidad de Puerto Rico en Mayagüez. Ellos no tenían que madrugar como yo. Si me quejaba o hacía comparaciones, mi papá me ponía en mi lugar: si lo que yo quería era ser una nadadora promedio, entonces debía olvidarme de las prácticas matutinas y de fines de semana y practicar únicamente con mi equipo después de clases.

Recuerdo que una vez llegué a la piscina y me quedé mirando el agua largo rato, imaginándome lo fría que estaría. Sumergí la punta de un pie para ver cómo estaba la temperatura y pude comprobar que el agua no estaba fría, estaba friísima. Eso terminó por quitarme las pocas ganas que tenía de tirarme a la piscina.

Mire a mi papá y no tuve que decir una palabra. El pareció leerme los pensamientos. "No metas el pie en la piscina, Mari" me dijo. "Si descubres que el agua está demasiado fría, nunca vas a zambullirte. Titubear es de personas mediocres y yo no te estoy criando para que seas mediocre. Así que salta al agua sin pensarlo dos veces".

Aunque era sólo una niña, sabía que él tenía razón. Así que respiraba hondo y comenzaba el conteo. *Cinco… cuatro… tres… dos… uno… ¡y al agua!*

Mi papá era así para todo. Me acuerdo que una vez llegué a casa con una 'C' en mi reporte académico. Después de observar mis calificaciones en silencio por varios minutos, él me sentó para darme una lección breve, pero contundente.

"A esta casa sólo puedes traer una 'A' o una 'F'. Nunca una 'C'. Sé siempre la mejor o la peor, pero jamás seas mediocre".

Sabía que me lo decía por mi propio bien. Tenía miles de obligaciones como rector de la universidad y el hecho de que sacara tiempo para ser mi maestro y mi entrenador personal significaba mucho para mí. Cada vez que ganaba una competencia o superaba mi propio récord, sus ojos brillaban llenos de orgullo y me hacía sentir que el sacrificio valía la pena.

Para entender a mi papá hay que comprender que cuando él se compromete con algo, se entrega por completo. Una vez decidió tener perros Chow Chow y compró la enciclopedia de la raza para determinar cuáles eran los descendientes de la estirpe más famosa. Nuestro perro terminó siendo el nieto del can que aparecía en la portada. Cuando se interesó en los peces, llegó a tener diez peceras de cincuenta y cinco galones y cuatro de ciento diez, y tuvo que equipar una habitación completa para poder acomodarlas. Más tarde decidió coleccionar arte precolombino y se convirtió en el propietario de la colección privada más grande de toda Latinoamérica. Tiene doctorados en ciencias políticas, economía y derecho de las universidades más prestigiosas de Estados Unidos y Europa. Cuando hizo la reválida para ejercer como abogado, obtuvo el puntaje más alto que se ha registrado en el Caribe. Para mi papá la excelencia es tan importante como el oxígeno y la vida misma.

Nadie lo instó para que fuera cada vez mejor, para que siguiera progresando y aprendiendo. Su motivación viene de adentro. No se conformó con ser rector de la Universidad de Puerto Rico en Mayagüez, sino que se impuso nuevos retos y se postuló para la alcaldía de San Juan. Fue secretario de Vivienda, presidente del Comité Olímpico de la isla y finalmente uno de los legisladores más influyentes en la historia de Puerto Rico. Todo lo que hace, lo realiza a la perfección. Así mismo era cuando se trataba de la natación.

Nunca dejaba de brindarme información. Compró videos de campeones olímpicos grabados bajo el agua que mostraban en detalle las brazadas para que juntos pudiéramos estudiar sus técnicas. Estaba al tanto de las últimas modalidades y, gracias a su visión, nuestro equipo fue uno de los primeros en Latinoamérica en cambiar los trajes de baño de nailon por unos de *lycra*, que eran más ligeros porque absorbían menos agua. También fue la primera persona en la isla que compró un cronómetro digital. Lo ordenó de un catálogo y recuerdo bien lo caro que costó.

Siempre me enseñó que para lograr cosas grandes en la vida uno tiene que esforzarse y estar dispuesto a rebasar los límites de la comodidad. Que sin sacrificio, no hay ganancia. De manera que si yo me quejaba del dolor en los brazos después del entrenamiento, siempre me decía: "Mari, la única forma en que vas a destacarte en este deporte es si entrenas tu cerebro para que sea más fuerte que tus músculos. Si quieres medallas de oro, ¡ve a conquistarlas!". Su dedicación hacía posible que yo soportara el dolor muscular y el cloro de la piscina que irritaba mis ojos y hacía que mi cabello se tornara verde.

Su estado de ánimo al regresar a casa dependía de mi esfuerzo durante el entrenamiento. El día en que recibió el cronómetro por correo, tanto él como el entrenador del equipo me llamaron la atención en varias ocasiones porque en vez de prepararme para una competencia que se aproximaba, me la pasé haciendo chistes con mis amigos en la piscina. Mi papá terminó reventando el cronómetro contra el suelo. Recuerdo que aquel costoso instrumento se hizo añicos y voló en pedazos.

En la siguiente competencia en la categoría de cincuenta metros dorso, no sólo nadé mejor que nunca, sino que establecí un nuevo récord para mi edad. Mi papá no cabía en sí del orgullo y pensé que finalmente había complacido al hombre que siempre me retó para que llegara más lejos.

A las cinco en punto de la mañana siguiente estábamos de vuelta en la piscina y antes de que yo me lanzara al agua, mi papá sacó de su bolsillo su viejo cronómetro análogo.

"Este es tu nuevo contrincante" dijo mostrándomelo, "el tiempo".

Aún lo recuerdo de pie al borde de la piscina, con el cronómetro análogo colgando del cuello haciendo *tic-tic-tic*. El deporte nos ayudó a compenetrarnos. Él, como papá exigente, me convirtió en una hija competitiva, lo que me ha ayudado hasta el día de hoy.

En la primavera de 1971 logré clasificar para el equipo nacional de Puerto Rico que competiría en los Juegos Centroamericanos Infantiles en La Habana, Cuba. Mi mamá me acompañó al viaje porque mi papá no podía ausentarse de la universidad durante las dos semanas que duraba el evento. Tenía once años y era la primera vez que salía de la isla para una competencia internacional. Mis amigas y yo estábamos tan emocionadas de estar allí que pasamos las noches jugando a guerra de almohadas y hablando hasta la madrugada.

Gané tres medallas: una de oro, una de plata y una de bronce. Cuando mi papá se enteró de los resultados se sintió tan decepcionado que ni siquiera fue a buscarnos al aeropuerto.

Ahora bromeo con él y le digo que hoy en día su comportamiento sería considerado abuso infantil. Pero siendo una niña, aún con lo dolida que me sentí por su ausencia, comprendí en lo más profundo de mi ser el porqué de su actitud. Ese día no se presentó en el aeropuerto porque sabía que yo podía haber ganado tres medallas de oro. Estaba en perfecta condición física y había obtenido muy buenos tiempos en las prácticas, de modo que él sabía que si no había regresado a casa con tres medallas de oro era porque algo había fallado.

Tenía razón. Esas largas noches festejando con mis amigas habían afectado mi desempeño en las competencias. Tenía motivos para sentirse decepcionado. Había perdido mi concentración y no me había esforzado lo suficiente. Siempre quiso que yo llegara más lejos, no por él, sino por mí misma. Si era la mejor en mi ciudad, me desafiaba para que fuera la mejor de la isla, luego la mejor de Centroamérica, y después, del mundo.

Después de clasificar para los Juegos Olímpicos de 1976 en Montreal, Canadá, a los quince años, sufrí una gran desilusión. Había pasado el año anterior, mi tercer año de secundaria, entrenándome para la competencia más importante del mundo en la preparatoria Pine Crest, en Fort Lauderdale, Florida. Era una escuela famosa por su programa de natación que en ese entonces estaba bajo la dirección del ex entrenador olímpico del equipo femenino de los Estados Unidos.

Bajo su tutela, me entrené durante meses nadando cinco horas al día. Pero tres semanas antes de que viajáramos a Canadá, contraje mononucleosis, la "enfermedad del beso". Fue una gran ironía porque entre las clases y las prácticas, yo no tenía tiempo para pensar en chicos y mucho menos para besar a uno. Me tocó ver la ceremonia de apertura de las Olimpiadas acostada en la cama, con mi uniforme olímpico colgado en un perchero.

Increíblemente, en esta ocasión, mi papá estaba satisfecho y orgulloso de mí. Más que nadie, él sabía que me había esforzado al máximo y que lo único que me había impedido llegar a la meta era algo que estaba fuera de mi control.

Tuve la oportunidad de competir nuevamente en los Juegos Panamericanos de 1979 y, de haberlo hecho, probablemente hubiera ganado una medalla de oro. Pero después de Montreal no me sentí motivada a volver a competir, ni por mi papá, ni por mí. Aunque había disfrutado la natación enormemente, la vida me estaba presentando nuevos retos y experiencias. Así que decidí enfrentarlas de la manera en que él me enseñó, con tenacidad y empeño, siempre buscando nuevos desafíos y nunca conformándome con hacer algo "bastante bien". Cada vez que me sentía presa de las dudas y el temor, recordaba el conteo mental que utilizaba para lanzarme a la piscina sin pensarlo dos veces.

Lo mismo hice cuando me tocó debutar en la televisión a los veinticinco años de edad y me sentí paralizada por una mezcla de emoción y nerviosismo. Está comprobado científicamente que en situaciones de extrema tensión el cuerpo humano reacciona de una de dos formas, o luchamos o huimos. En esa ocasión, yo decidí luchar, a pesar de que me sudaban las manos y de que mi corazón latía como una locomotora. Cuando escuché el conteo regresivo del coordinador del estudio de televisión, me zambullí en ese nuevo reto como cuando lo hacía en la piscina. La mente puede más que el cuerpo y aprender a dominarla me ha ayudado en el pasado y me sigue ayudando hoy.

No fue por casualidad que me convertí en campeona de natación de Centroamérica a los diez años, o que clasificara para los Juegos Olímpicos antes de los dieciséis. Ni tampoco que en el 2006 fuera escogida para la portada de la revista *Newsweek* como una de las mujeres más influyentes de mi generación, o que fuera la primera periodista hispana en obtener un premio Emmy por su trajectoria en la televisión.

En situaciones difíciles en que otros se hubieran dado por vencidos, yo me lancé de corazón como me enseñó mi papá. Eso hice cuando recibí la primera gran oportunidad de trabajo en Nueva York, cuando decidí adoptar a un niño y cuando me pidieron por primera vez que participara como copresentadora en el programa *Today* y estaba preocupada por mi acento.

Mi papá siempre me impuso nuevos desafíos. Así como

nos hace a menudo la vida. Y le agradezco que me haya preparado para enfrentarlos.

Jamás olvidaré esas mañanas en la piscina, el olor a cloro y el *tic-tic-tic* del cronómetro que aún puedo escuchar. Mi papá tenía razón: cualquier persona puede ser buena en algo, pero se necesita esfuerzo y disciplina para lograr grandes cosas.

Soy afortunada de haber crecido con un porrista tan maravilloso como él, pero sé que no siempre estará a mi lado. El día que me falte, me quedará su enseñanza más importante: que para ser cada vez mejor y llegar lejos, uno mismo tiene que ser su más fuerte contrincante.

3

~~∞∞∞~~

LA GENTE NO ES BUENA NI MALA SINO PRODUCTO DE LAS CIRCUNSTANCIAS

Todos tenemos la tendencia de ver el mundo en blanco y negro, cuando en realidad nos presenta una gama de tonos grises.

En el momento en que asumimos este concepto nuestros horizontes se expanden y empezamos a entender mejor a los demás y a nosotros mismos.

El tema salió a relucir durante una entrevista que le hice en el 2003 al actor mexicano Humberto Zurita en su apartamento de Miami. En ese entonces, él hacía el papel de villano en la popular telenovela de Telemundo *Ladrón de Corazones*. Cuando le pregunté cómo podía interpretar personajes tan malvados como el que representaba en esta novela, me dio una respuesta tan contundente que me dejó perpleja, y que a pesar de los años no se me ha olvidado: "La gente no es ni buena ni mala", me aseguró. "La gente actúa de acuerdo a sus circunstancias".

De regreso a casa, reflexioné sobre su comentario. Pensé en todas las ocasiones en que tildé a las personas de "buenas" o "malas". ¿Cuántas veces me apresuré a juzgar a alguien tan duramente?

Entonces pensé en Ada Perkins.

Ambas éramos adolescentes en Puerto Rico, ella me llevaba un año y a ambas nos gustaba el mismo chico, que se llamaba Pedro.

En aquella época, para escaparnos a las discotecas, mis amigas y yo solíamos decirles a nuestros papás que íbamos a un baile de quinceañeras y nos vestíamos con trajes largos de faldas voluminosas que parecían pasteles de boda, apropiados para la ocasión. Para despistar, le pedíamos a un amigo en particular, a quien nuestros padres consideraban responsable y respetuoso, que nos recogiera en la casa. En cuanto llegaba, nosotras le lanzábamos desde la ventana del segundo piso una mochila con maquillaje, blusas y minifaldas. Luego él nos llevaba al Burger King más cercano donde nos cambiábamos de ropa para irnos de fiesta a los clubes de San Juan.

En varias de esas noches me encontré con Pedro y siempre me invitaba a salir. Al principio mantuve la distancia porque me habían dicho que estaba saliendo con Ada Perkins, pero lo negó una y otra vez, hasta que me convenció y acepté su invitación. Salimos a una discoteca y desde el principio empezó a hacer alarde de su caballerosidad y poder adquisitivo. Fue la primera vez que alguien me brindó champán. Y no sólo a mí, sino también a todas mis amistades que se acercaban a nuestra mesa a saludarnos.

Pedro no ofrecía cualquier champán, sino Dom Perignon, uno de los más caros, que compraba nada menos que con la tarjeta de crédito de su papá.

Me juró y perjuró que no tenía novia y yo bajé la guardia. Esa noche, me dio su reloj pulsera para que lo llevara con orgullo, como símbolo de que oficialmente éramos pareja.

Esa misma noche, Pedro se metió en tremendo problema.

Después de dejarme en casa se enredó en una pelea, terminó con una mano fracturada y su papá descubrió el recibo de las botellas de champán pagadas con su tarjeta de crédito.

Debí haber interpretado todos esos sucesos como una advertencia, como una señal de que nuestra relación iba por mal camino. Pero cuando me enteré de que a Pedro le habían tenido que operar la mano y de que estaba convaleciente en su casa, sólo pensé en su estado de salud y en su bienestar. Una amiga me sugirió que fuera a visitarlo, lo cual me pareció una buena idea.

Fui con ella a visitarlo y mientras ella esperaba en el auto, me llené de valor y toqué a la puerta.

Estaba a punto de tocar por segunda vez, cuando la puerta se abrió y allí estaba nada más y nada menos que Ada Perkins. Teníamos un par de amigas en común, pero esa tarde ella no se mostró nada amigable hacia mí.

"¿Se puede saber qué haces *tú* aquí?", me preguntó con tanta autoridad que cualquiera hubiera pensado que era dueña de Pedro y de su casa también.

"Vine a ver cómo sigue Pedro", le dije, y aunque quería salir corriendo, intenté proyectar la misma actitud sarcástica y segura de ella. Así que continué, "¿Y qué haces tú aquí, jugando a la enfermera?"

"No", respondió. "Estoy aquí porque soy su novia".

La verdad es que no esperaba esa respuesta y lo que más hubiera querido era que la tierra se abriera y me tragara allí mismo. Como si el shock no fuera suficiente, me invitó a pasar para que conociera a la madre de Pedro. No recuerdo qué excusa inventé para evitar otra vergüenza, pero sí sé que me marché con el rabo entre las piernas, antes de sufrir una humillación mayor.

A partir de ese día, cada vez que me encontraba con ella pasaba un mal rato. Ada se me quedaba mirando con el ceño fruncido, y si las miradas de sus ojos verdes azulosos mataran, yo hubiera caído muerta al instante en más de una ocasión. Decidí ponerle la etiqueta de "mala" por su actitud tan desagradable. En cambio, Pedro me tenía sin cuidado, aunque evidentemente, nos había mentido a las dos.

El desprecio mutuo entre Ada y yo duró por años, hasta mucho después de que ella se separara de Pedro y fuese coronada Miss Puerto Rico en 1978. El malestar continuó aun después de que yo perdiera el interés en Pedro, tras salir con él un par de veces más en la universidad. Aún con el culpable de nuestra pelea fuera del panorama, Ada y yo seguíamos en guerra.

Entonces sucedió algo inesperado.

Poco antes de cumplir los veinte años, estando aún en la universidad, viajé a San Juan para pasar mis vacaciones de verano. Una noche estaba con mis amigas en un club cuando de repente la puerta se abrió de par en par y vi una melena rubia abriéndose paso. Ada entró por esa puerta luciendo más espectacular que nunca. Sin embargo, en esa ocasión no sentí la necesidad de actuar a la defensiva como un gallo de pelea, sino todo lo contrario. Sentí un deseo inexplicable de limar asperezas. Me levanté de la silla, me acerqué a ella y la saludé con una sonrisa sincera.

"Hola, Ada. ¿Cómo estás?", le dije, mientras le tendía la mano y me acercaba para besarla en la mejilla.

Ella me dio la mano, se sonrió y me devolvió el beso. Me dijo que también le alegraba volver a verme. Y eso fue todo.

Regresé a la mesa con mis amigas sintiéndome aliviada y liberada, como si algo que hubiera estado fuera de sitio por mucho tiempo finalmente hubiera encajado en su lugar.

A la mañana siguiente cuando abrí el periódico, vi una foto enorme de Ada Perkins en la portada. A su lado, estaba la imagen de un auto chocado. Ada había muerto la noche anterior en un accidente automovilístico, poco después de marcharse del club con su novio, quien según publicó el periódico, estaba manejando bajo los efectos del alcohol.

Ada tenía sólo veintiún años.

Ese encuentro fue mi última oportunidad. Nuestra última oportunidad. Y siento en mi corazón que no fue una coincidencia. Si no hubiera aprovechado el momento para hacer las paces con ella, seguramente me hubiera arrepentido por el resto de mi vida. Hasta el día de hoy, cada vez que pienso en ella, siempre reflexiono sobre la importancia de dejar atrás rencores, odios y resentimientos.

La última noche que vi a Ada Perkins con vida, elegí vivir la mía sin llevar esa carga a cuestas. Cuando ella tomó mi mano, creo que hizo lo mismo, y entendí por qué nadie debe juzgar a nadie.

Estoy convencida de que si ella estuviera viva, seguramente estaría de acuerdo conmigo en que ni ella era mala, ni yo tampoco.

Descansa en paz, Ada.

4

---oᗺᗺo---

CUANDO ENFRENTES UN PROBLEMA, AFÉRRATE A TU INTEGRIDAD

En las peores circunstancias es cuando descubrimos el calibre de una persona. A veces, la imagen que tenemos de ella se hace añicos. Otras, descubrimos la entereza de su carácter. Y es ahí cuando crece nuestra admiración.

Durante mi primer año de matrimonio con Guillermo Ramis aprendí una importante lección de integridad y perseverancia. Guillermo era el dueño de la agencia de publicidad para la que trabajaba y fue así que lo conocí. Ya sé lo que están pensando. La realidad es que trabajé allí durante más de un año, antes de verlo como algo más que un colega. Él era dieciséis años mayor que yo y tenía mucha experiencia de la vida, mientras que a mis veintitrés años yo todavía estaba tratando de encontrar mi camino. Guillermo era culto y seguro de sí mismo, completamente diferente a los jóvenes que yo había conocido. Me maravillaba su carisma, su clase, su generosidad y su intelecto. Cada mes leía treinta revistas y podía hablar con cualquiera de cualquier tema. A menudo, sabía más que los expertos.

Una noche, después de una fiesta de la oficina, nos quedamos compartiendo una copa de vino y por primera vez hablamos por un buen rato sobre nuestras vidas y nuestras aspiraciones. Esa noche, algo cambió entre nosotros. Dejé de verlo sólo como un empresario digno de admirar y empecé a verlo como un hombre. Como un hombre al que podría amar.

Al final de ese año nos casamos. Descubrí su gran temple a medida que él resolvía problemas difíciles, muchos de los cuales estaban fuera de su control.

Su agencia de publicidad estaba en su mejor momento, pues contaba con clientes fieles que confiaban por completo en su trabajo. Todo iba tan bien, que Guillermo decidió comprarle su parte a su socio y expandir la compañía.

Entonces, sucedió lo menos pensado.

Uno de los principales clientes de Guillermo quebró, dejando una deuda de un cuarto de millón de dólares. Guillermo acababa de sacar un préstamo para pagarle a su antiguo socio, de manera que este inesperado acontecimiento fue un duro golpe. Su único alivio era que contaba con otros clientes que tenían proyectos de envergadura y el ingreso de esas campañas ayudaría a mitigar el impacto económico. Además, la agencia acababa de recibir un cheque por $150.000 de una aerolínea a la que le habíamos hecho la publicidad.

Días después, para sorpresa de todos, uno de los aviones de esa empresa se estrelló y, en poco tiempo, la aerolínea se tuvo que declarar en bancarrota.

"Gracias a Dios que me pagaron $150.000 el día antes de que el avión se estrellara", me dijo Guillermo. "De lo contrario, ¡nos hubiéramos estrellado nosotros también!"

Dos días después, el cheque rebotó.

La aerolínea se fue a pique y quedó debiéndole a Guillermo un total de medio millón de dólares. Para colmo, ese mismo mes, otro de sus principales clientes, una cadena de supermercados que le debía $250.000, también quebró. La compañía de Guillermo iba por el mismo camino. Parecía una pesadilla.

Yo era muy joven y no tenía experiencia en el mundo de los negocios, así que pasé muchas noches en vela, caminando de un lado al otro del pasillo, preocupada por mi esposo y por nuestro futuro. Pero Guillermo nunca perdió su compostura.

"Cuando uno debe dinero, lo peor que uno puede hacer es esconderse. Lo correcto es dar la cara y asumir la responsabilidad", me decía.

Guillermo pudo haberse declarado en quiebra y dejar plantados a sus acreedores. O pudo haberse ido del país y empezar de nuevo en otra parte. Pero para él, era una cuestión de honor. Su nombre y su reputación estaban en juego y los míos también, por ser su esposa. Así que decidió quedarse y enfrentar la situación como un hombre de verdad.

A pesar de que se sentía destruido emocionalmente, Guillermo se llenó de valor y les explicó a sus empleados que por desgracia tenía que despedirlos. Como la compañía no tenía ganancias, él le pagó a cada uno de ellos un último cheque de su propio bolsillo, con vacaciones y beneficios incluidos.

Esa noche, cuando regresó a casa, nos abrazamos en el sofá. Para él era difícil aceptar que había fracasado en algo a lo que le había dedicado una gran parte de su vida, por razones que no estaban en sus manos. Sin embargo, su mayor preocupación no era cómo *él* iba a superar esta crisis económica, sino el efecto devastador que tendría en los pequeños comerciantes que podían hundirse si la agencia no les pagaba lo que les debía. Pensó en los tres hermanos dueños de la pequeña imprenta que nos prestaban sus servicios, en el humilde conserje que limpiaba nuestras oficinas y en el servicio de mensajeros que la agencia había utilizado durante tantos años. Esa noche me juró que les pagaría a ellos primero que a todos, pasara lo que pasara.

Guillermo contrató a un contador para asegurarse de cobrar todas las deudas pendientes. Cuando los primeros cheques llegaron, cumplió su palabra y pagó hasta el último centavo que les debía a los contratistas independientes y a los pequeños comerciantes. Luego se reunió con sus principales acreedores y les pidió un plan de pago con términos más razonables para poder cumplir con todas sus obligaciones. Algunos amenazaron con demandarlo. Sin embargo, la mayoría le dio otra oportunidad, tomando en cuenta la forma tan seria y profesional en que por años había manejado sus negocios.

Para evitarme más preocupaciones de las que yo tenía, Guillermo se echó encima gran parte de la carga. Se reunía casi a diario con los abogados para consultar sobre los complejos asuntos legales que yo no entendía y que nos afectaban a ambos. Abordó cada uno de ellos con aplomo. "Lo único que podemos hacer es empezar de nuevo, igual que hicieron mis padres cuando se fueron de Cuba por culpa de Fidel. Sólo pudieron llevarse la ropa que llevaban puesta, y aun así salieron adelante", me recordaba.

En medio de toda la confusión, teníamos que seguir atendiendo a los clientes que seguían con nosotros. De lo contrario, nos arriesgábamos a que firmaran con otras agencias que, sabiendo por lo que estábamos atravesando, daban vueltas como buitres tratando de quitarnos lo poco que nos quedaba. Era una situación caótica. El teléfono no paraba de sonar, mientras subastábamos los muebles y desmantelábamos la oficina, cuyo alquiler ya no podíamos pagar. Yo tenía que responder las llamadas diarias de los acreedores descontentos que exigían su pago inmediatamente y de los clientes que contaban con nosotros para atender sus cuentas a cabalidad. Todo el mundo llamaba, menos aquellos que solían llamarse nuestros "amigos".

Gracias a Dios que nuestras familias nunca nos abandonaron. Mi papá nos prestó una oficina en un edificio de su propiedad y mudamos allí la agencia. Con la ayuda de algunos contratistas independientes y gracias a nuestra determinación y esfuerzo, el negocio finalmente despegó. Guillermo y yo logramos sobrevivir la crisis financiera porque formamos un frente común como socios y como pareja.

Guillermo estuvo a punto de perderlo todo, pero ninguno de sus clientes más importantes le retiró su respaldo. Todo lo contrario. Al ver cómo enfrentó la adversidad con integridad, aprendieron a respetarlo más. Y yo también.

Hasta el sol de hoy Guillermo está a la cabeza de la agencia de publicidad que, en dos ocasiones, creó de la nada. Sigue siendo un empresario respetado y exitoso porque nunca jugó sucio.

Los "amigos" que se mantuvieron a distancia cuando les convenía también regresaron, pero para ese entonces habíamos aprendido que donde hay fama y fortuna, los interesados sobran. Existe una gran diferencia entre los que están junto a uno y los que están con uno.

Mis padres siempre me inculcaron que el dinero no puede ser el pilar de la vida porque es algo que viene y va. Que sólo cuando uno lo pierde todo, es cuando el verdadero carácter se pone a prueba.

Pase lo que pase, es importante nunca perder la fe en nosotros mismos. Cuando enfrentamos un problema serio es cuando más tenemos que creer en nuestro talento y actuar de acuerdo a nuestros principios.

Así creamos en Dios, en el destino o en el karma, la realidad es que el universo tiene muy buena memoria. Por eso hay que darle una buena razón para que nos trate bien.

5

—⚬⚬⚬—

ES MEJOR SER CABEZA DE RATÓN
QUE COLA DE LEÓN

La vida a veces nos tienta, ofreciéndonos algo irresistible para ver si mordemos el anzuelo y nos dejamos seducir. Y así como el burro camina hacia adelante con la ilusión de alcanzar la zanahoria que su dueño le ha colgado delante, muchas personas optan por comerse la zanahoria de inmediato y se pierden el banquete que les espera.

Enfrenté esa tentación durante mi primer empleo en el campo del periodismo, un trabajo que me ofrecieron cuando nadie estaba dispuesto a contratar a una jovencita sin experiencia como yo, recién graduada de la universidad. Mi lealtad fue puesta a prueba con una zanahoria muy dulce, a la que era difícil resistirse.

Acabada de graduar de la Universidad Loyola en Luisiana, regresé a Puerto Rico para comenzar mi carrera de periodista, pero lo que encontré, al igual que tantos recién graduados, fue que las puertas de las estaciones locales de televisión estaban cerradas. Había muy pocos puestos disponibles, y menos todavía para alguien que acababa de salir de la universidad. Todos los empleos requerían algún tipo de experiencia previa, pero era imposible obtener experiencia sin primero conseguir un trabajo. Era un círculo vicioso frustrante.

Terminé trabajando como redactora de anuncios para una agencia de publicidad. Al principio me divertía mucho. Pasaba los días en el fantástico mundo del Departamento Creativo, donde todo el mundo era artista, intelectual o las dos cosas. Me encantaba pasar las horas con el director y los demás redactores para analizar la mente humana, debatir el existencialismo y crear todo tipo de locuras. Disfrutaba mucho de sus bromas cuando algún cliente no entendía las geniales campañas de mercadeo que inventábamos.

Como mencioné antes, el dueño de la agencia era Guillermo Ramis, quien más tarde se convertiría en mi primer esposo. Desde el primer día él creyó en mi potencial y al ver que yo era dedicada y despierta, rápidamente me promovió al puesto de ejecutiva de cuentas a cargo de sus clientes más importantes. Guillermo quería que aprendiera todo lo que se debía aprender sobre el negocio y yo vivía para que él estuviera orgulloso de mí. Él era un gran maestro y yo una estudiante con muchos deseos de destacarme. Pero extrañaba la estimulación intelectual que me daba el aspecto creativo del negocio y no me gustaba trabajar con los clientes y sus caprichos.

En el fondo, yo ansiaba seguir mi verdadera vocación: el periodismo. Mi sueño era ser testigo de los eventos históricos de nuestra época, reportar y denunciar las injusticias del mundo y aportar a la sociedad. Aun cuando era buena en la publicidad, yo sabía que no era excelente, tal vez porque mi trabajo no me apasionaba. Pensaba en mi papá, que tantas veces me dijo que debía obtener una 'A' o una 'F', pero que nunca debía conformarme con ser una más. Sentía que estaba sacrificando mis ideales, pero perseveré, pues por lo menos estaba trabajando en una rama de la industria de las comunicaciones. Las posibilidades de toparme con una buena oportunidad eran mayores si seguía en la agencia que quedándome en mi casa.

Finalmente, el tiempo me dio la razón. En una ceremonia para homenajear a las mejores campañas de publicidad, conocí a un empresario que quería fundar en la isla un canal de noticias de veinticuatro horas. Estaba buscando jóvenes para trabajar como presentadores y reporteros. Los candidatos tenían que cumplir sólo dos requisitos: tener un título de periodismo y estar dispuestos a trabajar muchas horas por poca paga. Yo cumplía con ambos. Era la candidata que él estaba buscando: ambiciosa y sin malos hábitos profesionales. En otras palabras, alguien a quien sería posible moldear.

Sentí que el alma se me fue al piso cuando a la mañana siguiente descubrí que además de mí, había otros cuatrocientos candidatos con las mismas cualidades y que sólo cincuenta serían escogidos. Pero después de someterme a tres entrevistas intensas, conseguí el trabajo. El Canal 24 era el primero y único en su clase. Desde un principio, fuimos diferentes al brindar las noticias internacionales al pueblo puertorriqueño desde la perspectiva de su propia gente. Las estaciones locales no solían enviar a sus reporteros al extranjero hasta que llegamos nosotros. Fue un importante acontecimiento en la historia de la televisión local.

Nuestro grupo de novatos del 24 arrasó en la isla porque hacíamos nuestros reportajes con entusiasmo y pasión. Viajé tanto, que en sólo cuatro meses acumulé suficientes millas para convertirme en miembro del Club de Platino de la aerolínea American.

En mi nuevo trabajo, me destaqué como presentadora y reportera, y durante las presentaciones en vivo me sentía como un pez en el agua. Todo el mundo empezó a prestarme atención.

Fue entonces cuando recibí una llamada. Y aquí es que viene el cuento de la zanahoria.

El director de la estación principal en la isla, quien me había entrevistado al regresar a Puerto Rico de la universidad, quería ofrecerme un trabajo. Primero me había dado la espalda y ahora quería contratarme para un puesto en su estación con un salario tres veces mayor al que estaba ganando. Su canal tenía tres veces más audiencia que el Canal 24.

La mayoría de las personas hubiera aceptado la oferta, o por lo menos la hubiera usado para negociar un aumento de salario en el 24, pero yo jamás consideré ninguna de esas opciones. Sentía una inmensa gratitud hacia mi jefe porque creyó en mí cuando nadie más estuvo dispuesto a hacerlo. Me sentía privilegiada de reportar noticias importantes desde cualquier parte del mundo e ir a otra estación local hubiera significado sacrificar eso para meramente reportar noticias locales sin trascendencia, como el típico accidente de autos o la rotura de una tubería en un vecindario. Hubiese pasado de ser la presentadora principal del pequeño Canal 24, a ser una más en la larga fila de reporteros de la estación más poderosa.

Todo esto me hizo pensar en el viejo refrán que dice: "Es mejor ser cabeza de ratón que cola de león".

Rechacé la oferta y nunca se lo dije a nadie. Algunos de mis colegas hubieran pensado que mi decisión fue una locura. Para mí, era justicia poética.

Pasaron varias semanas y con lo pequeño que es el mundo, mi jefe se enteró de lo que había pasado y me citó en su oficina. Había escuchado de la oferta y de mi lealtad. Y aunque no podía pagarme lo que me había ofrecido el otro canal, me dio lo que más necesitaba en ese momento de mi vida: un nuevo reto. Dijo que por haber demostrado que era una empleada fiel, quería recompensarme con una de las asignaciones más codiciadas del momento: reportar desde la Unión Soviética, un país que estaba comenzando a abrirse al mundo.

Gracias a ese reportaje desde la Unión Soviética fui reconocida como la Periodista del Año por la Cámara de Comercio de Puerto Rico. Durante la ceremonia de premiación, logré conseguir una entrevista exclusiva con el invitado de honor, el reverendo Jesse Jackson, que en ese entonces aspiraba a la nominación presidencial por el Partido Demócrata. Y uno de los tantos periodistas presentes en el evento se quejó con el equipo de Jackson por haberme otorgado la única entrevista de la noche. Meses después, esa misma persona terminó ofreciéndome un trabajo en Nueva York y la oportunidad de incursionar en el importante mercado hispano de Estados Unidos. En esta ocasión, consulté con mi jefe en el Canal 24, quien estuvo de acuerdo en que era una oportunidad de oro que no podía dejar escapar. Con su bendición, acepté la oferta.

Cada acción tiene una reacción. Todas y cada una de nuestras decisiones es capaz de alejarnos o acercarnos al plan que el Universo tiene preparado para nosotros. En mi caso, hacer lo correcto en lugar de dejarme llevar por la codicia, desató una serie de eventos que me llevaron exactamente al lugar donde quería estar.

Uno siempre va a estar tentado por una apetecible zanahoria, pero nunca debemos permitir que se interponga entre nosotros y el verdadero festín que nos espera.

6

———⊶⊶⊷———

DONDE OTROS VEN OBSTÁCULOS, BUSCA LAS OPORTUNIDADES

Fue como una recompensa y un reto a la misma vez. Cuando mi jefe me informó que me enviaría a Moscú, salí de su oficina saltando de la emoción y dándole las gracias. Pero tan pronto salí por la puerta, me topé con una dura realidad... tan dura como una Cortina de Hierro. Entrar a la Unión Soviética en esa época era prácticamente una misión imposible.

Era el verano de 1987, poco después de que el gobierno comunista anunciara una serie de reformas históricas que permitirían la apertura de la Unión Soviética al resto del mundo. Todo periodista del mundo occidental ansiaba viajar allí y documentar la nueva era de Glasnost y Perestroika, reforma y apertura, pero el gobierno soviético otorgaba muy pocos permisos de entrada. Aun para las grandes cadenas de televisión, con sus equipos de productores y asesores, les era muy difícil obtener el acceso, y aquí estaba yo sola, buscando la forma de hacerlo. Tenía en mis manos una especie de Cubo de Rubik. *¿Cómo rayos entra alguien a Rusia?*

Le pedí consejo a mi esposo Guillermo, quien siempre encuentra una solución para todo. Decidimos que la mejor manera de proceder sería contactando al gobierno ruso directamente y poniéndole las cartas sobre la mesa.

Durante los próximos días, preparamos una propuesta describiendo en detalle cada historia que quería reportar desde Moscú para el Canal 24. No había escrito un bosquejo tan completo desde que estaba en la universidad. Para aumentar nuestras posibilidades, exageramos el alcance de nuestra estación, describiéndola como la única cadena televisiva que transmitía 24 horas no sólo en Puerto Rico, sino en todo el Caribe. Cuando terminamos de escribir, nos sentimos seguros de haber contestado de antemano cualquier pregunta y de que se trataba de una petición válida.

En aquel entonces, la única forma de enviar el documento al Ministerio de Comunicaciones y Medios de Difusión en la Unión Soviética era por Télex, el precursor de la máquina de fax. Nos costó una fortuna enviar la carta de tres páginas.

Esperé y esperé, hasta que dos meses después llegó la respuesta de Moscú. Mientras la máquina, Télex imprimía cada letra, yo iba leyendo el mensaje, y cuando terminé de hacerlo, sentí como si me hubieran echado un cubo de agua fría encima. No recuerdo las palabras exactas, pero decía algo más o menos así: *"Canal 24: A diario recibimos cientos de peticiones como la suya. No será posible"*.

Me sentí devastada y cuando le mostré la nota a Guillermo, él trató de levantarme el ánimo. "No te des por vencida, Mari", me dijo. "Tiene que haber una forma de lograrlo".

Miró la fecha del mensaje de Télex y cuando vio que era octubre, se le prendió el bombillo. En el mes de octubre, los soviéticos celebraban el triunfo de la revolución bolchevique.

Nuestra respuesta consistió en sólo dos oraciones: *"Felicidades camaradas en el Aniversario de la Revolución. Por favor, reconsideren nuestra petición"*.

Esta vez no tuvimos que esperar mucho. En menos de dos semanas recibimos la respuesta: "Prepárese para llegar a Moscú el 10 de diciembre…". No podía creerlo. Había sido una movida brillante por parte de Guillermo, que por cierto detesta a los comunistas. Pero él sabía que ni siquiera ellos son inmunes a un halago.

Pasé diez días en la Unión Soviética con mi camarógrafo en pleno invierno y para no congelarnos en las temperaturas bajo cero, teníamos que entrar y salir del auto varias veces durante cada reportaje. Yo era la redactora, productora, luminotécnica y asistente general de lo que fuera. No fue fácil, pero logré hacer todo lo que queríamos y mucho más. Obtuve acceso sin precedente al centro de operaciones de la KGB, la infame agencia de inteligencia soviética, y en Leningrado entrevisté en exclusiva al Dr. Svyatoslav Fyodorov, el oftalmólogo que creó el procedimiento para corregir la visión, conocido como queratotomía radial. También pasé un día entero con una familia típica moscovita y documenté sus penurias. Me llevaron a un supermercado, donde después de esperar en fila durante varias horas, muchos se iban con las manos vacías pues no había nada que comprar. El gobierno me otorgó un permiso especial para filmar dentro del Centro Espacial Soviético, donde establecimos comunicación con los cosmonautas a bordo de la estación espacial *Mir*. Desde el espacio sideral, los cosmonautas les desearon a mis televidentes en Puerto Rico una Feliz Navidad. Días después se transmitió el especial de una hora titulado "Una Puertorriqueña en Moscú", que fue un éxito total y marcó un hito en mi carrera.

Nada de esto hubiese sucedido si no hubiera sido persistente. Uno nunca debe desanimarse al enfrentar un obstáculo, aunque parezca tan impenetrable como la Cortina de Hierro. Detrás de lo que otros ven como una barrera, siempre se esconde una oportunidad. Sólo hay que buscarla con una voluntad férrea y no darse por vencido.

—❦—

7

CUANDO TU DIGNIDAD ESTÉ EN JUEGO, DEFIÉNDELA HASTA EL FIN

Jamás fue mi intención salir en los titulares de Seúl. Pero resulta que una mujer, y para colmo una extranjera, nunca le había hablado a un alto funcionario del gobierno de la forma en que yo le hablé al representante del Ministerio de Deportes de Corea del Sur. Fue una lección que él nunca olvidará.

En la primavera de 1988 pasé varias semanas reportando para el Canal 24 de Puerto Rico una serie de historias que me llevaron desde Hawai a las Filipinas y a las Islas Marshall en el Pacífico. Como se aproximaban los Juegos Olímpicos en esa parte del mundo, pensé que era el momento perfecto para realizar un reportaje desde la sede, Corea del Sur.

Antes de reunirme con el representante del Ministerio de Deportes surcoreano, me hicieron varias advertencias. En esa sociedad tan tradicional, las mujeres tienen un rol pasivo y los hombres no están acostumbrados a tratarlas al mismo nivel. Además, me alertaron de que seguramente él insistiría en hablar sólo en coreano, pues para ellos el idioma es motivo de orgullo nacional.

Me llevé una grata sorpresa cuando entramos a su despacho y saludó a mi camarógrafo en un perfecto inglés y con un firme apretón de manos. Me senté frente a él y el camarógrafo empezó a filmar. Desde el principio me di cuenta de que había dos grandes problemas: él se negaba a mirarme y dejó de hablar inglés. Cualquiera que lo hubiese visto diría que no conocía el idioma o que se sentía incómodo ante las cámaras. Pero ese no era el caso.

No estoy segura si estaba tratando de demostrar algo o de imponer la norma social, pero continuó ignorándome, aun cuando le pedí que me mirara. Cada vez que le hacía una pregunta, él le respondía en coreano al camarógrafo, como si yo fuera invisible. Esto duró más de cinco minutos. Y ¡qué largos son esos minutos cuando la frustración va creciendo a medida que pasan! Lo intenté una vez más y en esta ocasión fui más tajante.

"O me mira y me responde directamente en inglés o nos vamos", le advertí.

Se quedó callado, mirando la pared.

Le hice otra pregunta y esperé.

Siguió hablando de lo que hablaba antes, como si alguien le hubiera dado pausa a su ridículo monólogo y luego hubiera continuado con esa película absurda.

Le di un golpecito en el hombro al camarógrafo y cubrí el lente de la cámara con la mano.

"Ya terminamos", le dije, y comencé a caminar hacia la puerta. "No voy a soportar ni un minuto más este desplante".

No estaba bromeando. Aunque habíamos viajado desde el otro lado del mundo, yo estaba dispuesta a suspender la filmación y marcharme antes de permitir que me siguiera humillando.

Cuando me volteé para ver si mi camarógrafo me seguía, noté que mi entrevistado continuaba sentado en su silla con una mirada atónita. Es difícil saber si estaba en shock porque esta pelirroja puertorriqueña le había dado un ultimátum, o porque estaba dispuesta a cumplir mi amenaza.

Fuera lo que fuese, le di una última oportunidad. "¿Va a hablar inglés? ¿Me va a hablar *a mí*?" Para mi sorpresa, asintió, como si fuera un niño al que lo hubieran regañado.

Empezamos la entrevista de nuevo, y no sólo habló inglés, sino que hizo un verdadero esfuerzo por mirarme a los ojos. Al finalizar, me marché con una gran entrevista y con la frente en alto.

Cuando regresé a San Juan, supe que nuestra pequeña guerra fría fue noticia en los diarios y la televisión de Seúl. Como no hablo ni leo coreano, no sabría decir a quién pintaron de villano. Y francamente, no me importa si fue a mí. Sólo le exigí al funcionario que me tratara con el mismo respeto que él exigía para sí mismo.

La dignidad nunca debe negociarse.

8

∼◦∞◦∼

SI QUIERES LLEGAR LEJOS, NO PERMITAS QUE LA PALABRA "NO" TE CIERRE EL PASO

Hay una palabra a la que hemos dado más poder que a ninguna otra: *no*.

Es una de las primeras palabras que aprendemos cuando somos bebés y es capaz de definir los márgenes de nuestra vida.

A veces nos aleja del peligro. Pero otras veces nos aleja de nuestras metas.

Siempre he creído que para muchos decir "no" es una reacción automática. Por eso me niego a aceptarla como una respuesta válida y definitiva.

Eso lo aprendí durante las primarias de la campaña presidencial de Estados Unidos en 1988.

El reverendo Jesse Jackson, defensor de los derechos civiles, no era muy conocido cuando intentó obtener la nominación presidencial del Partido Demócrata en 1984. Pero en el año 1988 se convirtió en un fuerte rival del también precandidato Michael Dukakis, gobernador de Massachusetts, ganando las elecciones en seis estados y la asamblea partidista de Puerto Rico. Ese verano, sin embargo, al acercarse la Convención Nacional Demócrata, los papeles se invirtieron. Dukakis comenzó a arrasar con los votos electorales. Todo indicaba que el primer aspirante afroamericano a la presidencia tendría que aceptar la derrota de un momento a otro. La prensa internacional seguía a Jackson a cada evento de su campaña. Todos querían estar presentes cuando finalmente hiciera el inevitable anuncio y concediera la derrota.

Fue en esos días cuando conocí a Jesse Jackson.

Jackson fue invitado como orador principal al banquete anual celebrado por la Cámara de Comercio de Puerto Rico, donde me iban a otorgar el premio como Periodista del Año en reconocimiento a mis reportaje especial sobre la Unión Soviética para el Canal 24. Estábamos en una misma mesa larguísima, como a una milla de distancia el uno del otro. El área a nuestro alrededor había sido acordonada para mantener alejado al sinnúmero de periodistas de las principales cadenas de televisión y agencias de prensa de Estados Unidos que habían acudido al evento. Todo el mundo quería al menos un segundo con Jackson, lo suficiente para saber si ya había llegado a un acuerdo con la campaña de Dukakis para conceder la nominación. A todos los medios de comunicación, incluyendo al Canal 24, les habían dicho que Jackson no haría declaraciones esa noche.

De todos modos, decidí intentarlo y me acerqué a su jefa de prensa haciéndome la desentendida. "Quiero saber a qué hora es mi entrevista con el reverendo Jackson", le dije. Me miró como si estuviera loca y me respondió lo mismo que ya le había repetido mil veces a los demás reporteros y medios de comunicación: "No, el reverendo Jackson no otorgará entrevistas a nadie esta noche".

"Oh, ya veo. Pero no sé si usted esté al tanto de que cada año el Periodista del Año entrevista al orador invitado. Es una tradición", le dije. "Creo que lo mejor es que hable con el director de la Cámara de Comercio y le deje saber que este año será diferente". Por supuesto que era pura mentira. Un invento mío. Pero deduje que con eso no le estaba haciendo daño a nadie.

Me imagino que a la jefa de prensa le preocupó que los organizadores se sintieran ofendidos y por eso hizo exactamente lo que yo pensé que haría. Dio media vuelta, se acercó a Jackson y le susurró algo al oído. Él me miró y yo sonreí.

La jefa de prensa regresó y en lugar de decir "no", esta vez me respondió como yo quería: "Muy bien. Tienes diez minutos".

Los guardaespaldas del Reverendo Jackson nos escoltaron a toda prisa a un salón privado, impidiendo que los demás reporteros nos siguieran. Los periodistas se quejaron, y de qué manera. El director de noticias de una de las cadenas de radio más grandes de la isla, Christopher Crommett, fue uno de los que más protestó, exigiendo una explicación de por qué la campaña de Jackson me estaba dando un trato preferencial.

No supe más de Christopher Crommett hasta tres meses más tarde, cuando me llamó por teléfono para informarme que acababa de ser nombrado director de noticias de la afiliada de la cadena Univisión en Nueva York. Dijo que había quedado muy impresionado con la forma en que había logrado conseguir la exclusiva con el Reverendo Jackson y que estaba buscando una periodista tan audaz y agresiva como yo. Tenía un trabajo en mente para mí. Pero no era cualquier trabajo. Era un puesto que me permitiría entrar por la puerta grande al mercado hispano de los Estados Unidos.

Ahora que lo pienso, pude haber aceptado el "no" inicial de la jefa de prensa de Jackson. Hubiera sido más fácil hacerlo, darme la vuelta y disfrutar de la fiesta. Después de todo, era mi gran noche. Pero opté por luchar para obtener la entrevista y valió la pena.

A menudo, la gente trata de desalentar a uno con un contundente "no". Pero si uno seriamente quiere salir adelante en su carrera, nunca debe aceptarlo como respuesta final. Lo mejor es actuar como si la palabra "no" no existiera en nuestro vocabulario y volver a intentar.

9

———❦———

HASTA TUS ERRORES PUEDEN MOSTRAR LO MEJOR DE TI

Cuando escuché el teléfono sonando en la habitación del hotel, lo menos que imaginé fue que esa llamada cambiaría mi vida.

El teléfono comenzó a sonar cuando yo me disponía a abrir la puerta y siguió sonando mientras intentaba quitarme los guantes para buscar la llave en el bolsillo. Sonó, y se me cayeron los bastones de esquiar. Sonó por última vez cuando ya estaba abriendo la puerta y casi pierdo la llamada.

Jadeando, levanté el auricular y escuché la voz de quien

menos esperaba, y mucho menos estando mis vacaciones en Vail, Colorado, con mi esposo Guillermo.

Era Christopher Crommett, el mismo Christopher Crommett que unos meses atrás se había quejado de mí cuando obtuve la entrevista exclusiva con Jesse Jackson. Acababan de nombrarlo director de noticias del Canal 41, la estación afiliada de Univisión en la ciudad de Nueva York.

"Esa noche me dije que si algún día tenía la oportunidad, te contrataría para que fueras parte de mi equipo", me dijo y acto seguido me ofreció el puesto de presentadora de noticias en su estación. Era la oportunidad que yo estaba esperando.

Aunque él conocía mi trabajo y consideraba que yo era la candidata perfecta, necesitaba la aprobación del gerente general de la estación para contratarme. Por eso me pidió que le enviara un video con una selección de los trabajos periodísticos que había hecho para mostrársela a su jefe. Prometí enviárselo a la mayor brevedad. Precisamente, tenía un video con mis mejores reportajes listo para una ocasión como esta. Estaba segura de que quedarían impresionados al verme realizando reportajes desde diferentes partes del mundo. Antes de colgar, le recalqué a Crommett que aunque estaba de viaje, le haría llegar el material de inmediato.

Llamé a una reportera amiga mía del Canal 24 y le pedí

que enviara el video por correo especial de manera que el lo recibiera al día siguiente. Pasé el resto de las vacaciones sintiendo maripositas en el estómago, ansiosa y emocionada a la vez, deseando que el video sellara el trato.

Una semana después, cuando regresé a la oficina y estaba organizando mis cosas, me quedé fría: el video estaba exactamente en el mismo lugar donde lo había dejado. Eso quería decir que otro video había terminado en Nueva York. Pero, Dios mío, ¿cuál de ellos?

Corrí con el video en mano hacia donde estaba mi amiga.

En cuanto vio mi cara de pánico, adivinó que algo andaba mal. "¿Era ese el que querías enviar?" preguntó asustada.

"¿Cuál enviaste?" pregunté, empezando a sudar frío.

La llevé a mi oficina a toda prisa y ella me indicó el lugar donde estaba el video que había enviado a Nueva York.

Oh, no... ¡ese no!

Había mandado el video donde yo salía ensayando la introducción a un reportaje una y otra vez. Digamos que era una recopilación de "metidas de pata" en la que yo parecía ser una principiante. Si Crommett se la mostraba al gerente de la estación, su jefe iba a pensar que Crommett tampoco sabía lo que estaba haciendo.

Llamé a Christopher inmediatamente, deseando que el

video se hubiera perdido en el camino o de que al menos no hubiera tenido la oportunidad de mostrárselo a su jefe para así convencerlo de que me diera tiempo para enviarle el correcto. Pero antes de que pudiera explicarle lo que pasaba, me confirmó que ya lo había recibido. Sentí que las rodillas se me doblaban.

Su jefe ya lo había visto todo, y sorprendentemente, estaba encantado. Pensó que yo debía tener muchas agallas para enviar no una cinta de mi mejor trabajo, sino imágenes inéditas de mí misma, repitiendo la introducción de un reportaje todas las veces que fuera necesario, hasta que me saliera perfecto. Concluyó que eso demostraba mi tenacidad y dedicación a mi trabajo, que era precisamente lo que necesitaba el canal.

Por esa razón fue que le ordenó a Christopher que me ofreciera el puesto en ese mismo momento. Me quería en Nueva York cuanto antes.

Por cuestión de orgullo propio, de todos modos les envié el video correcto ese mismo día. Seguramente ni se molestaron en verlo.

De mi "metida de pata" aprendí una valiosa lección. Es importante dar siempre el máximo en nuestro trabajo. Así, pase lo que pase, nuestro esfuerzo y buenas intenciones hablarán por nosotros.

10

❧

DE LOS LIMONES AGRIOS SALE
LA MEJOR LIMONADA

Llegué a Nueva York lista para conquistar el mundo.

Me había ido muy bien trabajando como reportera en Puerto Rico y eso me había dado una gran seguridad en mí misma. En sólo dos años había logrado cosas que a otros periodistas les tomaría una vida entera alcanzar. Estaba convencida de que no había reto que no pudiera vencer. Venía decidida a darle un buen mordisco a la gran manzana, a comerme este nuevo trabajo como presentadora del noticiero de la afiliada local de Univisión. Lo que no imaginaba era que las cosas saldrían al revés, que a quien se tragarían de un bocado sería a mí.

Estaba muy entusiasmada hasta que vi las promociones que la estación había lanzado para anunciar mi gran llegada. La campaña me pintaba como lo más grande, después del edificio Empire State.

Otra persona en mi lugar lo hubiera tomado como un halago. Pero yo presentía que esa campaña tan fabulosa iba a ser contraproducente. Durante mis años de natación, había aprendido algo clave: que para impresionar a los demás, es importante no hacer alarde de nuestro talento.

Tal y como sospeché, en vez de ayudarme, las promociones elevaron las expectativas sobre lo que yo era capaz de hacer a un nivel imposible de alcanzar. Además, hicieron que mis nuevos compañeros de trabajo me resintieran sin siquiera conocerme.

Así que esta "mega estrella" llegó estrellada a su primer día de trabajo. Desde la primera semana, me bajaron de la nube.

En la oficina decían que no tenía ninguna credibilidad, pues me veía muy joven y me faltaba aplomo. También se burlaban de mi acento puertorriqueño, ¡y de qué forma! La jefa de asignaciones del canal era una colombiana llamada Janneth Quintero que hablaba un español impecable. Ella pronosticaba por los pasillos que yo iba a durar poco. Su opinión era que con mi pobre dicción y fuerte acento seguramente iba a provocar el rechazo de los televidentes de otros países de habla hispana.

Al principio, no me preocupé mucho. Sabía que tenía cara de niña, pero eso no había impedido que en poco tiempo tuviera una carrera brillante. Y en cuanto al marcado acento, me dije que podía compensar esa deficiencia con las muchas cualidades que me distinguían.

Luego empezaron a criticar la forma en que me vestía. Eso sí que me tomó por sorpresa. Al llegar a Nueva York me había ido de compras con una amiga que es experta en modas y ella me ayudó a seleccionar varias piezas claves que podía combinar de diferentes formas. Terminé comprando tres conjuntos de chaqueta y pantalón, un par de faldas y muchas blusas. "Más que suficiente", pensé ingenuamente. Tan pronto como comencé a repetir los atuendos, algunos de mis colegas empezaron a regar el chisme de que la operadora no daba abasto contestando tantas llamadas de los televidentes quejándose de lo limitado que era mi clóset.

Imaginé que exageraban, pero de todos modos me sentí herida. Por primera vez, caí en cuenta de que algunos televidentes estaban pendientes más de mi apariencia que de mis reportajes. Yo nunca le había dado mucha importancia al vestuario, concentrando toda mi energía en la calidad de mi trabajo. Me consideraba una periodista de vocación y no una modelo de pasarela. Pero si esto era lo que el trabajo requería de mí, yo buscaría la forma de conciliar esos dos mundos.

Los tres primeros meses pasaron volando y no fueron tan malos, comparados con lo que vendría después. Una mañana llegué a la oficina y me enteré de que el gerente de la estación se iba de la compañía. Poco después, el director de noticias, que me había contratado también se fue. Fue duro perder el apoyo de ambos en ese momento, cuando todavía me estaba adaptando a la jungla de cemento que es Nueva York.

En su primer mes, mi nuevo jefe, que llamaré Octavio, sacó a quince de los treinta empleados de mi departamento y los reemplazó con su propia gente. Una tarde, yo estaba en la sala de redacción repasando mis notas y a sólo media hora de que mi noticiero saliera al aire escuché una conmoción en el otro extremo de la sala.

"¡Estoy de vueltaaaa!", exclamó una voz que me resultó muy familiar.

Asomé la cabeza sobre la pared de mi cubículo para comprobar si era quien yo pensaba. Lo era.

La antigua presentadora del noticiero, la misma que yo reemplacé cuando el canal decidió no renovarle el contrato, había regresado victoriosa. Octavio le había restituido su puesto y no había tenido ni la delicadeza de decírmelo. Avergonzada y humillada me dirigí hacia el estudio, escuchando cómo ella era aclamada por todos. Tuve que llenarme de fuerza para poder concentrarme y conducir el noticiero por última vez.

Esa noche me sentía a la deriva, como un barco sin timón, y llamé a Guillermo en Puerto Rico para contarle lo que estaba pasando. "Te guste o no" me aconsejó mi esposo, "este director de noticias tiene experiencia. Él sabe lo que se necesita para hacer un buen noticiero y para ser un buen periodista. Si yo fuera tú, me quedaría y aprendería de él, en vez de correr a Puerto Rico huyendo de la situación".

Decidí quedarme, luchar y demostrarle a Octavio, a mis colegas y a mí misma que no me dejaría derrotar por nada. "No olvides que teniendo empleo es más fácil obtener otro trabajo", concluyó Guillermo. "Si más tarde decides marcharte, no tendrás problema en conseguir otra oportunidad, tal vez mejor".

A la mañana siguiente cuando llegué al canal, me sentía resignada pero optimista. En eso, Octavio me llamó a su despacho. Se sentó frente a mí con los brazos cruzados para decirme lo que ya yo sabía. "De ahora en adelante, el noticiero lo va a presentar otra persona", dijo con total frialdad, "no tú".

Mientras él hablaba, yo evaluaba mis opciones. Mi acuerdo con la estación estipulaba que si la gerencia decidía quitarme el puesto de presentadora para el que me habían contratado, yo podía irme a casa y seguir cobrando el cheque durante los tres años que me quedaban según el acuerdo o podía quedarme en el noticiero y trabajar en otra cosa. En una situación como esa, muchas personas, con su ego herido, habrían optado por cobrar el remanente del contrato y seguir de largo. Pero yo no.

"Tienes en tus manos un saco de limones con el que puedes hacer una de dos cosas", añadió Octavio, "amargarte la vida o hacer limonada".

Creí entender el significado de sus palabras. Él quería saber si yo era capaz de buscarle el lado positivo a una situación negativa. Asumí que de eso se trataba. Ese día, en mi afán por demostrarle a mi jefe que estaba dispuesta a tragarme mi orgullo y trabajar en equipo, recorrí cuanta farmacia y papelería había en Nueva York hasta encontrar la postal perfecta, una con una foto de limones. Dentro, simplemente escribí: "Hagamos limonada".

Al día siguiente fui tempranito a la oficina y puse la tarjeta sobre el escritorio de Octavio, junto a un saco de limones que había comprado en el supermercado. Estaba segura de que este gesto tan ocurrente le iba a ablandar el corazón. Sin embargo, ni siquiera mencionó que lo había recibido. Fue entonces cuando entendí lo que verdaderamente me había querido decir. Para él, hacer limonada significaba aceptar el dinero y reconocer que ya no me querían en el noticiero.

Si realmente hubiera querido que las cosas mejoraran entre nosotros, ese hubiese sido el mejor momento para intentarlo. Era evidente que aunque me había dado dos opciones, no esperaba que yo aceptara la segunda. Pero yo ya había tomado mi decisión y no iba a dar marcha atrás.

Octavio contrató a nuevos reporteros, muchos de los cuales venían de la radio y no tenían ninguna experiencia trabajando en televisión. Aun así, les daba prioridad y cada día los enviaba a la calle con sus respectivos camarógrafos a buscar reportajes. A mí me ignoraba por completo y no me asignaba ningún trabajo. Era como si yo no existiera. Sólo me dirigía la palabra para decirme algo desagradable, como cuando me sacó de mi escritorio para dárselo al meteorólogo amigo suyo que acababa de contratar. Tuve que recoger mis cosas frente a todos mis compañeros y colocarlas en la pequeña repisa que había mandado a hacer para mí. Ahora yo quedaba mirando a la pared, sin teléfono ni máquina de escribir. Más claro no podía ser: quería que me marchara.

Durante los próximos seis meses, salía de la oficina directo a mi apartamento porque no tenía ganas de ver ni hablar con nadie. Todas las noches, metía un par de salchichas en el microondas y me las comía frente al televisor para después acostarme en la cama a mirar el techo. Estaba deprimida y muriéndome de ganas por tomar el próximo avión a San Juan. Los consejos de mi esposo eran mi único aliento.

En mi afán por hacer reportajes, tuve que hacer malabares. Me inventaba series especiales y le pedía a los camarógrafos que trabajaran horas extra para poder filmar. Además, cada vez que un reportero estaba enfermo, yo aprovechaba la situación al máximo y me esforzaba para que mis reportajes fueran los más completos y provocadores posibles. Aun cuando me daban la peor asignación del día, yo no me desanimaba y le sacaba partido hasta a la noticia más insignificante.

Me distinguí reportando en vivo desde el lugar de los hechos, una destreza que había perfeccionado en el Canal 24, donde, por falta de recursos, había que improvisar. Esa escuela me enseñó a dar lo mejor de mí en las circunstancias más adversas.

Para mejorar mi acento, empecé a estudiar mis propios videos meticulosamente. Practiqué mi pronunciación frente al espejo muchas veces hasta que logré hablar un castellano más neutral y suavizar mi acento.

Nada de eso pasó inadvertido para mis colegas, que pronto comprendieron que yo no era una destronada *prima donna*, sino una persona trabajadora e íntegra, que estaba dando el máximo a pesar de estar atrapada en poco deseables circunstancias. Cuando vieron mi esfuerzo y humildad, comenzaron a respetarme y a considerarme parte del equipo. Sin embargo, mientras yo más trabajaba y me destacaba, Octavio más se frustraba y redoblaba sus esfuerzos por destruirme. Aun así, yo tenía la esperanza de que él cambiara su actitud y me viera con buenos ojos.

Un día, el vicepresidente de noticias de la cadena Univisión y rival de Octavio se encontraba de visita en Nueva York, cuando, al prender la televisión de la habitación de su hotel me vio presentando una historia. Le gustó tanto mi trabajo, que me llamó en cuanto se acabó el noticiero para preguntarme si podía viajar de inmediato a California y conducir el noticiero nacional del fin de semana, ya que la presentadora habitual había pedido unos días libres.

Octavio estalló de la ira. No sólo estaba resistiendo a que

me aplastara, sino que le había caído en gracia al más alto ejecutivo de noticias de la cadena. El hombre que había sido colega de Octavio y al que él detestaba. Para colmo, el ejecutivo
me había contactado directamente, sin siquiera haberse moles-
tado en comunicarse primero con Octavio, seguramente para
fastidiarlo. Yo terminé en medio de una lucha de poder entre
dos titanes de las noticias. Uno de ellos quería enterrarme y el
otro, darme alas.

Antes de debutar en la televisión nacional, fui a la pelu-
quería donde se peinaba la famosa presentadora de la televisión Barbara Walters, para hacerme un cambio de imagen que
me costó una fortuna. Le pedí al maquillista que me enseñara
algunos trucos para lucir mayor. Uno de ellos era colocarme
colorete debajo de los pómulos para darle más definición a mi
cara redonda. Y a regañadientes, me gasté un dineral en un
traje que lucía espectacular ante las cámaras.

Mi debut nacional en Univisión fue muy bien acogido por
el equipo de producción y desde un principio dijeron que me
volverían a llamar cuando la presentadora del fin de semana
volviera a tomar vacaciones. Eso le cayó a Octavio como una
bomba.

Regresé a Nueva York renovada, llena de confianza y con
el mismo deseo de complacer a mi implacable jefe. Pero nada

había cambiado. Octavio seguía empeñado en frustrar cada una de mis aspiraciones, y sólo me envió a cubrir el debate entre los candidatos a la alcaldía de Nueva York porque no le quedó más remedio, pues el periodista que había sido asignado originalmente se enfermó a última hora.

Cuando al día siguiente el *New York Times* publicó un artículo sobre el debate y citó una de las preguntas que yo le había hecho al actual alcalde Ed Koch, Octavio echó humo. Mientras más yo sobresalía, más ponía en evidencia que su desprecio no tenía nada que ver con mi desempeño profesional. Se había ensañado contra mí. Y en medio de tanta adversidad, Guillermo me decía: "Mari, ese tipo va cuesta abajo, mientras tú vas cuesta arriba".

De todos modos, hubiera dado cualquier cosa por un elogio de Octavio. Pero nunca lo recibí, ya que mi simple determinación de quedarme era un desafío a su autoridad.

Sin querer, mis colegas le echaron leña al fuego cuando le sugirieron a Octavio que me sacara más provecho, que me diera más tiempo ante las cámaras y que me asignara reportajes de más envergadura. Creo que esa fue la gota que colmó la copa.

Una mañana Octavio me llamó a su oficina para decirme que había rescindido mi contrato. Nunca antes me habían echado de un trabajo. Me pagó el remanente, me dijo que me fuera y se dio media vuelta, sin darme ni las gracias ni ofrecerme una explicación.

Me vi en Nueva York con un peinado y un vestuario dignos de Barbara Walters, pero sin trabajo.

Dos semanas después, sonó el teléfono con una oferta caída del cielo. Me estaban llamando desde California. Era del noticiero nacional. Querían darme el puesto de jefa del buró de noticias de Los Ángeles, el mercado clave para la cadena, y querían nombrarme presentadora sustituta oficial del noticiero nacional del fin de semana.

No cabe duda de que esta nueva oportunidad jamás hubiese llegado a mis manos, de no haber sido por mi determinación y perseverancia. Este amargo capítulo de mi vida tuvo un dulce final, gracias a que escogí usar los limones para hacer limonada.

11

NUNCA TE DESANIMES, SIEMPRE HAY LUZ AL FINAL DEL TÚNEL

Fuimos los últimos en llegar. Ya no había nada que hacer. O eso parecía.

La mayoría de los noticieros tanto en español como en inglés se volcaron sobre un pueblito de Arizona, en cuanto se regó la voz de que habían descubierto un túnel que atravesaba la frontera que era utilizado para el contrabando de indocumentados y narcóticos. Había varios equipos de periodistas apostados alrededor de la salida del túnel en territorio estadounidense filmando, reportando y transmitiendo en vivo. La noticia ya no era noticia. Pero yo no había manejado sin parar desde California para regresar con las manos vacías. Siempre he pensado que todo problema tiene más de una perspectiva y que toda noticia tiene más de un ángulo. De la misma manera que un túnel tiene dos entradas.

Mi camarógrafo y yo cruzamos la frontera en nuestro auto alquilado en busca de la estación policial que tenía jurisdicción sobre la entrada del túnel que estaba del lado mexicano. Dentro, se encontraba un agente policial igualito a los de las películas de Hollywood, flacucho, con una mirada maliciosa y lasciva. Lo único que le faltaba era lamerse los labios cada vez que me miraba de arriba abajo como si yo fuera un trozo de carne.

"Señorita, debería ver las toneladas de marihuana que hemos confiscado en otros operativos", me dijo, tratando de impresionarme. "Y no va a creer dónde termina el túnel", añadió, intentando en todo momento de agarrarme la mano y ponerme el brazo alrededor de la cintura. El muy baboso me dijo que le encantaría mostrarme la entrada del túnel, siempre y cuando accediera a almorzar con él. Respondí que sería un placer *para mi camarógrafo* y para mí aceptar la invitación, así que seguimos a la patrulla guiada por su chofer hasta una taberna local.

Inmediatamente ordenó tragos de tequila para todos y comenzó a tomar uno detrás del otro. Después de varios tragos, el policía ni se dio cuenta que yo había dejado de beber desde mucho antes.

"Les voy a enseñar algo que ningún periodista ha visto", dijo arrastrando las palabras mientras se subía a su vehículo. Lo seguimos en nuestro carro alquilado y nos llevó por un camino desolado que terminaba delante de un portón de hierro forjado, frente a una imponente mansión.

Abrió la cerradura de la puerta principal y nos condujo a una sala de juegos, en medio de la cual había una lujosa mesa de billar. El agente apretó un interruptor y el piso debajo de la mesa de billar se elevó con un silbido hidráulico, revelando la bóveda que llevaba a la entrada del famoso túnel que llegaba hasta el territorio estadounidense.

Mi camarógrafo comenzó a grabarlo todo mientras el policía revelaba con lujo de detalles cómo los narcotraficantes usaban el túnel para transportar la droga. Mis comentarios ante la cámara fueron hechos sentada sobre la mesa de billar. Filmamos dos cintas de video completas, con material que era digno de un premio. Y seguramente nos hubiéramos ganado ese premio, de no ser porque el chofer recibió una llamada de parte de uno de los hijos del oficial.

En cuestión de quince minutos llegaron los hijos del policía acompañados de otros uniformados, y al encontrar a su padre borracho, empezaron a preocuparse de lo que diría el gobierno mexicano si se enteraba de que su padre había hablado de más.

Lo que el policía había revelado podía abrir una caja de Pandora. Los hijos se lo llevaron a toda prisa y los demás agentes se quedaron. Nos prohibieron seguir filmando. Aproveché un momento en que nadie me estaba mirando para agarrar una de las cintas de videos que tenía en mi bolso y la lancé sobre la cerca a un terreno baldío que estaba detrás de la mansión. Minutos después, uno de los uniformados me pidió todas las cintas de video para que sus superiores las inspeccionaran. Le dije que sólo tenía una y se la entregué. Dejó claro que no podíamos irnos de allí hasta que sus jefes dieran la autorización.

Durante ocho horas, mi camarógrafo y yo permanecimos cautivos mientras los agentes con pinta de matones atacaban el bar de la mansión y no paraban de beber y jugar billar. Entre trago y trago, comenzaron a decirme vulgaridades. También trataron de agarrarme. Comentaron sobre mi apariencia, mi figura, sobre si estaba casada o no y, por primera vez, temí por mi seguridad.

Cuando los agentes apenas podían moverse de la borrachera, mi camarógrafo me dio un codazo, balbuceó algo sobre los cigarrillos que tenía en el carro y aprovechamos para salir rápidamente de la mansión. Antes de que alguno de ellos reaccionara, nos subimos al vehículo, corrimos al lote baldío, abrí la puerta lo suficiente como para recoger la cinta de video sin frenar y seguimos de largo hacia la frontera. Ni siquiera nos detuvimos a recoger nuestra ropa en el hotel de Arizona. Preferimos manejar directamente hasta Los Ángeles, pues no queríamos arriesgarnos a que uno de los policías corruptos cruzara la frontera.

Desafortunadamente, la cinta que se salvó no incluía los comentarios que grabé en cámara sentada sobre la mesa de billar. Pero gracias a nuestro esfuerzo, esa noche las imágenes de la narco mansión en México y de la entrada al túnel debajo del billar fueron transmitidas en los Estados Unidos y unos quince países de habla hispana. Aunque no me dieron crédito en el aire, me gané la admiración de mis colegas.

En esta vida hay mucha gente ingeniosa y si uno quiere destacarse, tiene que serlo aun más. Hay que aprender a meterse por el ojo de una aguja o como en este caso, encontrar lo que hay al otro lado del túnel.

12

―⚬⚬⚬―

PARA ALCANZAR UNA META
A VECES HAY QUE TOMAR
EL CAMINO MENOS PENSADO

No hay duda alguna, que para alcanzar una meta hay que enfocarse en ella. Pero con frecuencia hay quienes se enfocan demasiado, al punto de que se obsesionan y en el proceso no logran ver las oportunidades que se presentan en el camino. Por eso es tan importante tener la mente abierta y reconocer que lo que parece una barrera, en realidad puede estar indicándonos una nueva dirección que nos llevará hacia algo mejor.

Me mudé a Miami en 1991 cuando la cadena Univisión trasladó su sede de Laguna Nigel, en California, a la Florida. Había sido nombrada como presentadora del noticiero nacional del fin de semana y debía estar disponible veinticuatro horas al día, siete días a la semana, en caso de que tuviera que sustituir a uno de los presentadores principales. Por un período de tres años, me ofrecí a trabajar todos los días festivos: el Día de Acción de Gracias, Navidad, Año Nuevo, el 4 de julio y hasta en mi cumpleaños. Cada vez que uno de los presentadores del noticiero de lunes a viernes tenía el día libre, los reemplazaba gustosa, porque mi sueño era algún día presentar el noticiero más importante.

Aunque María Elena Salinas y Jorge Ramos llevaban años presentando el noticiero y contaban con una excelente reputación, siempre existía la posibilidad de que uno de ellos se marchara en busca de nuevas oportunidades dejando una plaza vacante. De ser así, yo quería ser la candidata lógica para tomar su lugar.

Pero las cosas no se dieron así. María Elena y Jorge optaron por renovar sus contratos con Univisión por varios años más. Eso significaba que tenía dos caminos ante mí: uno era continuar frustrada en mi trabajo como presentadora en los fines de semana y el otro, buscar nuevos horizontes profesionales.

Justo cuando reevaluaba mis metas, una increíble oportunidad tocó a mi puerta y al principio me resistí a verla como tal.

Televisa, el conglomerado mexicano de comunicaciones, pasó a ser el principal socio de Univisión, lo que llevó a una reestructuración corporativa y de programación en Univisión. En medio de todos estos cambios, Myrka Dellanos, una de las copresentadoras de la revista noticiosa de la cadena *Noticias y Más*, contrajo varicela y me pidieron que la reemplazara durante dos semanas.

Lo primero que me pasó por la mente fue que debía negarme a hacerlo. Lo mío era la noticia seria, trascendental, de envergadura. Para mí, *Noticias y Más* era un programa sensacionalista, que sólo ofrecía escándalos y videos que dejaban a cualquiera con la boca abierta.

No tenía el más mínimo interés en presentar ese circo y mucho menos de arriesgar el buen nombre de periodista que me había ganado tras años de esfuerzo. Estaba convencida de que si hacía ese show mi credibilidad se vería seriamente afectada y de que cualquier posibilidad de ocupar algún día la silla de María Elena o Jorge se desvanecería para siempre.

Cuando compartí esas inquietudes con mi mamá, ella me hizo aterrizar diciendo: "Con todos los cambios que están habiendo en la cadena, este no es el momento de hacerte la difícil. Te recomiendo que accedas a lo que te piden. ¡Nunca hagas olas cuando el mar esté picado!".

Así que opté por seguir su consejo. Sustituí a Myrka durante su convalecencia y para mi sorpresa, ¡la experiencia me encantó! El ritmo de *Noticias y Más* era más movido y menos estructurado que el noticiero típico. Me sentí en mi elemento, con la libertad para improvisar, dar mi opinión y demostrarle al público otra faceta. Las dos semanas se me fueron volando.

Al poco tiempo, los productores de *Noticias y Más* volvieron a llamarme. El compañero de Myrka, con quien yo había presentado el programa mientras ella se recuperaba de la varicela, se iba de la compañía y querían que yo fuera su reemplazo definitivo. Me querían como coanfitriona oficial.

Esta vez no tuve que reflexionar mucho. Mi primera experiencia con *Noticias y Más* había despertado en mí el gusanito de la curiosidad. Tenía ganas de reinventarme, de redescubrirme dentro de este tipo de formato más flexible que iba más a tono con mi personalidad.

Acepté el mismo día en que me hicieron la oferta.

El nuestro se convirtió en el primer noticiero de la televisión hispana a cargo de dos presentadoras y en 1994 el nombre del programa cambió a *Primer Impacto*. La química entre

Myrka y yo fue instantánea y nos complementamos perfectamente. Así como ella era encantadora y mesurada, yo era irreverente y de opiniones fuertes. Un diario en Miami captó nuestra esencia bautizándonos como "*una mezcla deliciosa de dulce y picante*".

En poco tiempo nos convertimos en el dúo dinámico de la televisión. Todas las tardes, el público nos sintonizaba religiosamente para ver las noticias del día y también para ver cómo estábamos vestidas. Pusimos de moda las minifaldas y los escotes que eran tabú en los noticieros regulares, ofreciendo una provocadora combinación sexy y seria a la vez. Nuestras piernas cruzadas debajo de la mesa de cristal se convirtieron en nuestro sello y los índices de audiencia se dispararon.

Pronto nos dimos cuenta de que la nuestra era una fórmula ganadora. Cuando todas las revistas comenzaron a ponernos en sus portadas y a seguir cada detalle de nuestras vidas como si fueran episodios de una telenovela, supimos que habíamos creado algo especial. Además de leer las noticias, estábamos haciendo noticia.

Durante años, *Primer Impacto* fue el programa más popular de la televisión hispana, irónicamente, más comentado que el Noticiero Univisión presentado por María Elena y Jorge, al que inicialmente yo aspiraba. Al ser flexible y mantenerme

abierta a nuevas oportunidades, descubrí que a veces es necesario desviarse para encontrar el camino más corto que nos
lleva a nuestras metas. Y con frecuencia, ese camino nos con-
duce a un lugar más allá de lo que jamás soñamos.

13

VACILAR ES DE TÍMIDOS
Y DE MUERTOS

Por algo dicen que de los cobardes nunca se ha escrito nada. Para llegar a la cúspide, hay que luchar, dar pasos firmes y nunca titubear.

Cuando estallaron los disturbios civiles en Haití en septiembre de 1991, el vicepresidente del departamento de noticias de Univisión llegó a la redacción en busca de voluntarios.

"¿Quién quiere cubrir el golpe de estado en Haití?".

Jean-Bertrand Aristide, el primer líder electo democráticamente en ese país, acababa de ser derrocado por el ejército y había informes de que la violencia se había apoderado de las calles de Puerto Príncipe, la capital. Era una situación increíblemente peligrosa, pero no lo pensé dos veces. Fui la primera que levantó la mano.

Muchos de mis colegas eran periodistas veteranos que habían dedicado buena parte de su carrera a reportar desde zonas de guerra. Habían demostrado su profesionalismo a través de los años, reportando conflictos como este y ahora me tocaba a mí. Lo vi como una oportunidad de demostrar que estaba comprometida con el periodismo hasta la médula y no estaba dispuesta a dejarla pasar, aunque representaba un gran riesgo.

Como Haití se encontraba en estado de sitio y los aeropuertos estaban cerrados a vuelos comerciales, mi productor, mi camarógrafo y yo volamos a Santo Domingo, en la vecina República Dominicana, que era el punto más cerca al que podíamos llegar. Estábamos tomándonos un café en el vestíbulo del hotel y pensando qué hacer, cuando nos encontramos con un equipo de periodistas franceses que tenían un permiso especial del gobierno haitiano para aterrizar en Puerto Príncipe al día siguiente. Acababan de llegar de Afganistán, donde habían estado cubriendo para la prensa francesa la guerra civil que tenía lugar en ese país. Eran profesionales temerarios y aguerridos, que con gran orgullo nos contaron todas sus peripecias en diferentes conflictos bélicos y cómo habían burlado la muerte en más de una ocasión.

Hicimos un trato. Ellos tenían el permiso de entrada y nosotros teníamos el avión, así que viajaríamos juntos a Haití. Los franceses se retiraron a sus habitaciones y mi equipo y yo nos quedamos allí escribiendo nuestra última voluntad y testamento en servilletas de papel, medio en broma y medio en serio. Habíamos logrado nuestro cometido y no había marcha atrás. Aunque nadie lo dijo, todos teníamos miedo.

Después de aterrizar en Puerto Príncipe, compartí un taxi con los periodistas franceses porque en el auto que Univisión había alquilado iban el chofer, el camarógrafo, el productor y todo el equipo que habíamos traído. No habían pasado cinco minutos desde que partimos cuando nos topamos con los primeros cadáveres ensangrentados, amontonados en la calle.

Por órdenes del productor, el camarógrafo francés se bajó del taxi de un salto y comenzó a filmar la matanza. Yo todavía estaba tratando de entender lo que pasaba cuando un grupo de hombres agitados y fuertemente armados rodearon nuestro vehículo. Uno de ellos aprovechó que las ventanillas del auto estaban abiertas y me apuntó con el cañón de su rifle directamente en la sien. Sus ojos estaban desorbitados y vociferaba en creole.

Sentí como si todo estuviera pasando en cámara lenta, pero mi mente iba a mil millas y mis sentidos se agudizaron.

Pronuncié la única frase que recordaba de mi clase de francés en el colegio: *"Je ne comprends pas"* (No comprendo).

El matón se quedó perplejo, como si mis palabras lo confundieran y le hicieran gracia a la vez.

Fue entonces que escuché a alguien gritar.

El productor francés estaba regañando a su camarógrafo en creole por haberse bajado del auto y filmar la escena. Quería que los hombres armados pensaran que el camarógrafo había actuado por cuenta propia y no siguiendo sus órdenes.

Fingía estar furioso con el camarógrafo por haberse atrevido a filmar algo indebido y poner nuestras vidas en riesgo. Por eso le dio un manotazo en la espalda que casi le hizo caer la cámara y le ordenó que se metiera al auto de inmediato. Eso convenció al líder de la turba de que todo había sido un malentendido, así que bajó el rifle con punta de bayoneta y se dió media vuelta. *Todo está bajo control*, pareció decirle a sus seguidores. Claramente, respetaban la jerarquía, así que se retiraron, incluido el que me estaba encañonando.

Nos dejaron pasar y nos marchamos, mientras los reporteros franceses se reían sin parar de lo sucedido. Pensaban que era comiquísimo. Después de todo, acababan de estar en Afganistán donde habían perfeccionado la estrategia para escapar de aprietos como este. Cuando el productor se dio cuenta de que yo todavía estaba nerviosa, trató de calmarme: "No te preocupes, sólo te estaban apuntando. Preocúpate cuando los oigas cargar sus rifles".

Mi camarógrafo y yo pasamos las dos semanas siguientes esquivando balas durante el día mientras en la noche yo esquivaba a mi productor, quien en medio del caos, no dejaba de propasarse conmigo. Más de una vez, trató de agarrarme un pie diciendo que un buen masaje me ayudaría a relajarme.

El día que finalmente íbamos a partir, me sentí aliviada y satisfecha. La asignación había sido un éxito y les había demostrado a mis colegas y supervisores que era una periodista consagrada. Sabía que había subido de rango, alcanzando un nivel de credibilidad que indudablemente ayudaría a mi carrera.

Como teníamos dos horas antes del vuelo de regreso, decidimos ir hasta el centro de Puerto Príncipe y buscar un mercado local donde pudiéramos comprar artesanías. En el camino, celebramos con nuestro chofer quien era tremendo personaje. Su tarjeta de presentación lo describía como traductor, guardaespaldas, chofer e instructor de tambores de vudú. Con el radio a todo volumen, íbamos tocando el espaldar de los asientos y la consola del taxi como si fueran tambores mientras nos adentrábamos en la ciudad.

Había tanto ruido dentro del auto, que ni siquiera escuchamos el tiroteo.

De repente, vimos una oleada de gente corriendo hacia nosotros, la cual huía aterrada. Al bajar las ventanillas, escuchamos los disparos. Teníamos que cumplir con nuestro deber periodístico y le pedimos al chofer que nos llevara al lugar de donde provenían las balas. Él tomó un camino lateral y terminamos justo detrás de los militares que estaban disparando contra la multitud.

"Vamos a filmarlo", le dije a mi camarógrafo. Nos bajamos del auto y nos acercamos poco a poco a los soldados que estaban tan enfocados en lo suyo que ni siquiera se percataron de nuestra presencia. Hasta que el camarógrafo se acercó demasiado, al punto de que estaba filmando por encima de sus hombros y sin querer tocó con su lente a uno de ellos.

El militar dio un salto y llamó la atención del oficial de mayor rango. Al ver que estábamos documentando cómo ellos reprimían al pueblo, el oficial gritó algo en creole y sus soldados se voltearon hacia nosotros y nos apuntaron con las armas.

Parece que a nuestro chofer se le olvidó que era nuestro

traductor y guardaespaldas porque desde el principio se escondió debajo del volante y jamás asomó la nariz.

Fue entonces que escuchamos el *clack-clack* de los rifles cargando y el mundo pareció detenerse. Volví a sentir que cada segundo duraba una eternidad y recordé lo que me había dicho el productor francés poco después de llegar a Haití: *"Preocúpate cuando los oigas cargando el rifle".*

Una vez más, el instinto me hizo reaccionar. Tomé prestada una página de la guía de supervivencia de mi colega francés y actué exactamente como él lo había hecho días antes.

"¡Súbete al auto!", le grité a mi camarógrafo y empecé a darle manotazos en la espalda. Con mis gestos quería aparentar que condenaba sus acciones. Pensé que si los soldados interpretaban mi lenguaje corporal y veían la jerarquía en acción, tal vez podríamos salir vivos de esta.

"¿Qué haces filmando sin mi autorización? ¿Estás loco?" le grité, haciendo ademanes y apuntando al auto, como lo había hecho el productor francés.

"Pero tú me dijiste...", empezó a ripostar, desconcertado. No entendía lo que yo estaba haciendo.

"Te dije que te metieras al auto, ¡idiota!"

El plan dio resultado. El jefe militar dio una orden en

creole y sus hombres bajaron las armas. Casi pude leer sus pensamientos: "*Todo parece estar bajo control. Tenemos cosas más importantes de qué preocuparnos. Dejemos que esa loca se encargue de él.*"

Empujé y regañé al camarógrafo hasta que nos montamos en el auto y el chofer arrancó. El corazón se nos quería salir del pecho durante todo el camino al aeropuerto.

Aprendí una lección por partida doble: si hubiera vacilado, nunca habría aprovechado esta asignación que me permitió demostrar de lo que era capaz como periodista. Si hubiera vacilado, tal vez no la habría sobrevivido.

14

LOS ACTOS DE BONDAD SIEMPRE
SON RECOMPENSADOS

A Gloria la dejaron frente a nuestra casa en medio de la noche.

Cuando la descubrimos, estaba metida dentro de una pequeña jaula, hambrienta y desesperada por escapar. Junto a la jaula había una nota anónima que decía: *"Es bruta y no sirve para el circo. Se come un pollo diario. No puedo mantenerla. Se llama Gloria"*.

Mis padres tenían fama de recoger animales abandonados

y enfermos y tal vez por eso fue que alguien nos dejó al oce-
lote, que parecía un leopardo del tamaño de un gato. Estaba
desnutrida y llena de cicatrices. Esa noche no se comió uno,
sino dos pollos.

Le construimos una jaula enorme en nuestro patio donde
vivió felizmente durante muchos años. A pesar de que nunca
dejó de ser una fiera, nos encariñamos tanto con ella, que por
solidaridad nuestros padres nunca nos volvieron a llevar a un
circo.

Yo tenía ocho años y esa experiencia me marcó de por
vida. A partir de ese momento, me propuse defender a los animales y evitar que fueran maltratados. Y he procurado que mis
hijos hagan lo mismo, dandoles el ejemplo.

Un día que los llevaba a la escuela como de costumbre, vi
un perro con las orejas gachas paralizado del miedo en medio
de una transitada calle. Era una vieja perra greñuda cuyo comportamiento demostraba que era la mascota de alguien y no un
animal callejero.

Detuve el auto y lo estacioné en diagonal en el mismo
medio de la carretera para bloquear el tráfico en ambas direc-
ciones.

"¡Mami! ¿Qué estás haciendo? Vamos a llegar tarde a

la escuela", me gritó alarmada mi hija Lara desde el asiento trasero.

"Mi amor, hay cosas más importantes que llegar con veinte minutos de retraso a la escuela. Estamos salvando una vida," le dije.

Me agaché en medio de la vía, extendí mi mano y llamé a la perra. Me olfateó un par de veces y empezó a mover la cola. Revisé su collar y me sentí aliviada al encontrar una chapita con la información del dueño. La recogí y la puse en el asiento trasero del auto, donde mis hijos, riéndose, empezaron a acariciarla, mientras yo me estacionaba a la orilla de la carretera y llamaba al dueño.

Resulta que el señor vivía a sólo una cuadra de distancia. Aun así, se tardó media hora en llegar a recoger su perra. Encogió los hombros, diciéndome que ni se había dado cuenta de que el viejo animal se había escapado. Me mordí la lengua mientras la metía en su vehículo. Estaba convencida de que la pobre perrita iba a escaparse de nuevo y que terminaría en medio del tráfico una vez más.

Mis hijos llegaron tarde a la escuela, pero en esta ocasión, no importó. Esa mañana aprendieron la lección más importante del día.

Siempre he creído firmemente que cada ser humano, en lugar de ser un observador pasivo, tiene la responsabilidad de actuar ante un acto de negligencia, crueldad o abuso. Estoy convencida de que si más personas compartieran esta filosofía, el nuestro sería un mundo mejor. Y esto no requiere de un gran esfuerzo. A mis hijos siempre les digo que hasta el más pequeño acto de bondad produce un efecto en cadena que puede transformar nuestra vida y la del prójimo. Como ejemplo, les hago el cuento de cómo mi hermana Astrid encontró la felicidad.

Yo estaba manejando por el Palmetto, una transitada autopista de Miami, en un día lluvioso. El agua caía tan fuertemente que no podía ver más allá de la camioneta que estaba enfrente. En la parte trasera del vehículo había una jaula con dos perros, uno grande y otro pequeño, recostados uno encima del otro mientras la lluvia les caía encima.

Aceleré hasta que estuve al lado del vehículo, bajé la ventanilla y le hice señas al conductor.

"¿Para dónde lleva a esos perros?", le grité.

"Los encontré en la calle y los estoy llevando a la perrera", me gritó el señor tratando de hacerse escuchar entre el ruido de los autos y la lluvia.

"¡Pero allí los van a sacrificar!"

Encogió los hombros.

"No me importa. Sólo quiero sacarlos de mi vecindario", dijo.

Le indiqué que se estacionara en el carril de emergencia. Volví a mirar a los perros. El grande, negro y marrón, tenía pinta de ser un pastor australiano, y el otro, un pequeño *terrier* color castaño claro, parecía el gemelo de Toto, el perro del *Mago de Oz*.

Entonces, me fijé en mi auto. Era un BMW acabado de comprar, blanco, con los interiores color crema y definitivamente muy pequeño para que cupiera la jaula con los animalitos. Si los rescataba tendrían que viajar sueltos, así mugrosos y mojados como estaban. Lo pensé un segundo pero sus caritas de "¡Llévame contigo!" terminaron por convencerme. Así que me bajé, saqué a los perros de la jaula y los puse en el asiento trasero. Ambos empezaron a saltar de la emoción, como si supieran que estaban a salvo. Predeciblemente lo embarraron todo, pero no importó.

Ya se me había hecho tarde para el trabajo pero definitivamente a la oficina no podía llevarlos. Manejé a la oficina de un veterinario amigo mío que los examinó, les puso sus vacunas y los mandó a bañar. Pero, ¿qué iba a hacer con ellos ahora? En mi casa tenía tres perros y mi esposo me había advertido que no quería ni uno más.

Pensé en mi hermana. Hacía poco que se había mudado a un suburbio de Miami después de su reciente divorcio, que además fue muy doloroso. Estaba viviendo sola y había tomado la decisión de cerrarse completamente al amor. Pero al igual que yo, le encantan los animales, así que la llamé.

Lo de ellos fue amor a primera vista. Los perros se convirtieron en sus bebés y le dieron un motivo para abrir su corazón. Los muy traviesos un día se las ingeniaron para abrir el portón del patio y se escaparon al campo de golf que hay detrás de la casa de Astrid. El administrador del campo de golf encontró a los perros corriendo y en vez de enojarse los acarició y les dio unas galletitas para comer. Cuando mi hermana llegó a buscarlos y vio que el administrador los estaba tratando como reyes, se conmovió con su bondad.

Se hicieron grandes amigos y en poco tiempo se casaron. Ocho años más tarde, ella sigue con sus perros y hasta adoptó a dos más. También sigue felizmente casada con el administrador del campo de golf, quien trajo consigo a su gato.

A veces, las buenas obras llegan a nosotros empapadas de buen karma.

15

---ᘒᘒᘒ---

RENUNCIAR A LOS RENCORES
NOS LIBERA Y NOS ABRE EL CAMINO

El vicepresidente de noticias de Univisión me llamó a su despacho y cerró la puerta.

"¿Qué sabes de Janneth Quintero?", preguntó.

No había escuchado ese nombre en casi dos años. En ese momento, cuando lo escuché pronunciarlo, me sentí invadida por algunos de los peores recuerdos de mi carrera periodística.

Janneth Quintero era la editora de asignaciones en la afiliada de Univisión en Nueva York, donde comencé mi carrera en el mercado hispano de Estados Unidos. Pero más que eso, ella representaba una etapa que profesionalmente había sido la más oscura de mi vida. Desde el primer día que llegué a trabajar allí, Janneth fue una de las personas que más duramente me criticó.

Siempre he tenido cara de niña, una característica que ahora agradezco, pero que fue un punto en mi contra cuando comencé en el negocio. A pesar de que había demostrado ser una buena periodista, lo cierto era que me veían demasiado joven para ser la presentadora de noticias de una estación. Como Janneth decía, nadie toma en serio las noticias cuando las lee una jovencita.

También le molestaba mi acento puertorriqueño, pues decía que nuestro programa iba dirigido a un público procedente de diferentes países de Latinoamérica y que ese público prefería un acento neutro. Ella era de Colombia, un país conocido por la elegancia y claridad en su pronunciación del idioma español y en más de una ocasión sugirió que yo debería tomar clases para dejar de pronunciar las erres como eles, tal como acostumbramos hacer en Puerto Rico.

Además, se había unido al coro que criticaba mi vestimenta y el puñado de atuendos que yo alternaba ante las cámaras.

Cuando el hombre que me había contratado fue reemplazado por alguien que quería obligarme a renunciar, las *observaciones* de Janneth, por decirlo así, me hundieron en la depresión. Sus comentarios habían hecho mella en mi autoestima y me habían hecho sentir insegura cuando estaba al aire. Mientras más ella me hacía sentir mis deficiencias, más errores yo cometía. y más cohibida me sentía.

Ahora, mi jefe estaba considerando contratar a Janneth Quintero. Tenía un puesto disponible para un editor de asignaciones en el buró nacional de noticias en Miami. Sería un gran avance para la carrera de ella, una oportunidad de dejar el mercado local y entrar al mercado nacional, donde estaría trabajando en programas con difusión internacional.

"Sé que trabajaste con ella en Nueva York", me dijo el vicepresidente de noticias. "Entonces, ¿qué te parece? ¿Le ofrezco el empleo?"

Pensé en Janneth. Pensé en todo lo que yo había sufrido por su culpa. Con el pasar del tiempo, había llegado a comprender que Janneth me había hecho un favor al hacerme la vida imposible.

Sus críticas me ayudaron a superarme porque entendí que tenía razón.

Tenía razón de que me veía demasiado joven. Razón sobre

mi acento. Razón sobre mi necesidad de vestirme con más elegancia para llevar las noticias a un público muy consciente de
la imagen y la moda en Nueva York. La verdad dolía. Y fue
muy difícil aceptarla.

En los meses y años posteriores de haberla conocido, me
dediqué a cambiar lo que ella y otros criticaron de mí. Aprendí
a maquillarme para lucir más madura, practiqué y practiqué
hasta lograr un acento más neutro y me esmeré en prestarle
más atención a mi vestimenta. Con el tiempo, me convertí en
una de las mujeres "mejores vestidas" de acuerdo a varias revistas. *Vogue en Español* inclusive me dedicó varias páginas
en uno de sus artículos sobre moda. Sí, la crítica de Janneth me
ayudó a mejorar.

Sabía que mi jefe valoraba mi opinión y que un comentario negativo sobre Janneth le pondría freno a cualquier posibilidad de avance en su carrera. En ese momento, pude haberme
dejado llevar por el pasado y culpar a Janneth por todo lo malo
que me pasó. Sólo tenía que decírselo al jefe.

Sin embargo, si hay algo que aprendí en la natación y de
los deportes en general es que uno puede tener un compañero
con el que no se lleva bien, pero si es talentoso, a la hora de
competir lo mejor es tenerlo en el mismo equipo de relevo.

Conocía el trabajo de Janneth. Sabía que a pesar de nuestro conflicto personal, ella era una editora excelente con grandes ideas y que estaba atrapada en un puesto que ya le quedaba pequeño. Hacía años que necesitaba un cambio. También necesitaba que alguien le diera una oportunidad para hacer cosas más grandes y mejores.

Eso fue exactamente lo que le dije a mi jefe, quien la contrató esa misma semana.

Janneth se unió al equipo y parecía otra persona. Estaba llena de energía en su nuevo trabajo y desbordante de entusiasmo. En poco tiempo, comenzamos a trabajar juntas en diferentes proyectos, ayudándonos mutuamente a concretar nuestras ideas y hacerlas realidad. Me sentí a gusto con esta nueva relación.

Compartíamos un ideal de activismo y estábamos ansiosas por utilizar nuestros recursos periodísticos para denunciar las injusticias del mundo. Juntas colaboramos en una serie especial sobre el abuso de los animales en las populares charreadas mexicanas y rodeos estadounidenses. Ella produjo los segmentos y poco después, recibimos el premio Génesis, otorgado por el Ark Trust Fund, una organización que le rinde homenaje a los miembros de la prensa que denuncian la crueldad y explotación de los animales. Fue algo sin precedente para la televisión en español.

Al principio, la cadena dijo que estaba dispuesta a pagar sólo mi pasaje a Los Ángeles, donde se celebraría la entrega de premios, pero yo insistí diciéndoles que Janneth merecía el premio tanto como yo. O íbamos las dos o no iba ninguna.

Fue así como un año después de que nos diéramos una segunda oportunidad, Janneth y yo subimos al mismo escenario para recibir el importante galardón.

La lujosa recepción tuvo lugar en una majestuosa casona de Hollywood con una vista impresionante de la ciudad. Estaba repleta de gente hermosa, impecablemente vestida. Había una colección de magníficos platillos vegetarianos para nuestro deleite. Era una fiesta por todo lo alto.

Allí estábamos nosotras dos, hablando y riéndonos, disfrutando del ambiente, saludando a personalidades como el actor Pierce Brosnan, protagonista en ese entonces de las películas de James Bond. La miré: Janneth Quintero. Nunca le dije que me había hecho la vida un infierno, ni que había tenido razón al criticarme. Pero sabía que si le hubiera guardado rencor, nunca habríamos trabajado juntas, ni alcanzado una meta tan importante para ambas.

Años después, cuando me fui de Univisión para comenzar

mi propio programa, *Al Rojo Vivo con María Celeste*, ella me acompañó. Y seguimos siendo buenas amigas y colegas.

Es por eso que no debemos dejar que los rencores y resentimientos tomen decisiones por nosotros. Si permitimos que eso suceda con la intención de hacerle daño a otra persona, a la larga terminaremos haciéndonos daño a nosotros mismos.

16

❦

TU MENTE ES UN ARMA PODEROSA, ASÍ QUE NO LA USES EN TU CONTRA

Nuestra mente puede ayudarnos a alcanzar el éxito o llevarnos a la ruina. Puede ser nuestro mejor amigo o nuestro peor enemigo.

Eso lo aprendí muy bien en septiembre del año 2001, sólo días después de los ataques terroristas del 11 de septiembre contra las torres gemelas del World Trade Center y el Pentágono. En la redacción de Univisión en Miami había más ajetreo que nunca. Estábamos trabajando las veinticuatro horas del día, siete días a la semana, cubriendo las secuelas de la tragedia.

Todos en *Primer Impacto* estábamos exhaustos por trabajar tantas horas. Yo tenía un fuerte resfriado y tenía fiebre. La tos no se me quitaba y sentía escalofríos. Mi colega Ibis Menéndez, quien se sentaba a mi lado, tenía los mismos síntomas de gripe y dificultad al respirar. Pensamos que habíamos pasado demasiado tiempo trabajando, que teníamos las defensas bajas y que una había contagiado a la otra. Pero a pesar de que cada día nos sentíamos más exhaustas y enfermas, siempre nos animábamos mutuamente para seguir adelante. Con su inteligencia y buen humor, Ibis, quien ostenta una maestría en filosofía que obtuvo en la Unión Soviética, ayudó a que las largas horas fueran más tolerables.

Fue entonces cuando salió una noticia muy extraña en los cables de prensa. Un editor fotográfico de sesenta y tres años de edad, del tabloide *The Sun* en la Florida, había muerto tras inhalar ántrax. Días antes había abierto un sobre que llegó a su oficina dirigido a Jennifer López, del cual salió un misterioso polvo blanco. Era la bacteria del ántrax en su forma más letal. Transmitimos la noticia del extraño incidente esa tarde en nuestro programa porque se trataba de la primera víctima de ántrax respiratorio en Estados Unidos en veinticinco años.

Después de esa, llegaron otras cartas.

A través de Estados Unidos, comenzaron a reportarse nuevos casos de personas expuestas al ántrax en las cadenas de televisión, oficinas del servicio postal y oficinas del Congreso. Además de la carta al *National Enquirer* en la Florida, otras cuatro cartas con esporas de ántrax fueron enviadas el 18 de septiembre a la sede en Nueva York de las cadenas ABC, CBS, NBC y el diario *New York Post*. Días después, otras dos cartas fueron recibidas por congresistas en Washington. Evidentemente, se trataba de un acto de bioterrorismo. Esos eventos desataron un temor colectivo tan intenso que si alguien encontraba un polvo blanco inmediatamente notificaba a las autoridades. Una denuncia de esas era suficiente para movilizar equipos de expertos en materiales tóxicos y provocar la evacuación de edificios enteros. En los medios de prensa también estábamos frenéticos, tratando de mantenernos al tanto de todos los informes de posible exposición al ántrax en el país, que a menudo terminaban siendo falsas alarmas. En la mayoría de los casos, sólo se trataba de unos granitos de bicarbonato de soda o detergente de lavar ropa.

Ibis y yo casi no dormíamos, y a medida que pasaban los días, notábamos que los síntomas de nuestro resfriado empeoraban.

Ante la crisis del ántrax, Univisión envió una notificación formal, informándoles a los empleados que por razones de seguridad, absolutamente ninguna carta ni paquete que llegara por correo sería entregado a la sala de redacción hasta nuevo aviso.

Ibis y yo recordamos algo que nos dejó la piel erizada.

Unos días atrás, yo había recibido un paquete muy sospechoso en la oficina. Era una caja de cartón herméticamente sellada con cinta adhesiva. Tuve que pedirle ayuda a Ibis para abrirla. Cuando Ibis por fin la abrió, una nube de polvo nos dio en la cara. El paquete sólo contenía una carta que no tenía mucho sentido y unos cuantos periódicos arrugados. Periódicos *polvorientos*.

Al momento, no le dimos mucha importancia. "Debe ser de algún admirador loco", dijo ella. Así que botamos la caja a la basura y no volvimos a pensar en eso.

Hasta que recibimos la carta de la compañía con las nuevas reglas sobre la correspondencia. En ese momento, pensamos lo inevitable: *Dios mío, ¡tenemos ántrax!*

Nuestra mente iba a millón. Mientras más lo pensábamos, más paranoicas nos poníamos, y más parecía que empeoraban nuestros síntomas. Al igual que las víctimas de ántrax en su etapa inicial, ya sentíamos dolor de garganta, dolores musculares, fiebre y mucha dificultad al respirar. ¿Sería posible?

No nos quedó otra que hablar con la directora del noticiero. Ella nos escuchó y después de una larga pausa, llamó al departamento de relaciones públicas de un reconocido hospital en Miami y habló con una persona de confianza. La prensa no se podía enterar de esto hasta que supiéramos realmente lo que estaba pasando.

Ibis y yo corrimos al hospital donde nos llevaron a una sección aislada en la que los médicos y las enfermeras usaban mascarillas y se acercaron a nosotras cautelosamente. Nos hicieron una serie de análisis y finalmente nos mostraron las radiografías de los pulmones. A Ibis le diagnosticaron pulmonía y a mí, bronquitis severa, al borde de una pulmonía. Los síntomas eran los mismos de aquellas personas que habían sido expuestas al ántrax.

Pero para confirmar el diagnóstico de exposición a la letal bacteria, los médicos tenían que enviar nuestras muestras de sangre a un laboratorio en otro estado, el cual nos daría los resultados en tres días. Mientras tanto, los médicos nos pusieron a tomar el antibiótico ciprofloxacin, Cipro, que era el mismo antibiótico que les estaban recetando a las víctimas del ántrax. Para nuestra sorpresa, nos enviaron a la casa. Había pasado demasiado tiempo desde el día en que habíamos abierto el misterioso paquete, por lo que pensaban que era muy poco probable que estuviéramos infectadas. Si realmente hubiéramos tenido ántrax, a esas alturas ya habríamos entrado en shock, como le había pasado a las otras víctimas sólo días después de entrar en contacto con la bacteria.

Aunque las cosas no cuadraban, nosotras no queríamos entrar en razón. Estábamos aterrorizadas y lo único que podíamos pensar era que teníamos ántrax. Pasamos las siguientes setenta y dos horas hablándonos por teléfono, en un estado de pánico controlado, analizando de la A a la Z cada uno de nuestros síntomas.

Mi esposo Manny pensó que yo estaba siendo exagerada. "Ustedes pasaron casi dos semanas sin tratarse la bronquitis y la pulmonía. Si de verdad fuera ántrax, ¿no se supone que ya estarían muertas?", me preguntó en más de una ocasión. "Creo que han estado demasiado tiempo en la sala de redacción y eso les ha afectado el cerebro".

Estaba furiosísima con él por ser tan insensible. Aquí estaba yo, muriéndome, ¡y a mi esposo ni le importaba!

Por fin, recibimos los resultados: eran negativos.

Sentimos un increíble alivio. *¡No íbamos a morir!* Pero tendríamos que vivir con la vergüenza de saber que habíamos alarmado a nuestras familias, a nuestros colegas y a todos en el hospital con nuestra paranoia del ántrax.

Para ser dos mujeres inteligentes, habíamos actuado de una forma bastante estúpida. Habíamos permitido que nuestros temores se apoderaran de nosotras y que nuestra mente, tan poderosa, nos hiciera una mala jugada.

Cuando concluyó la ola de ataques con ántrax, el saldo fue de cinco muertos y veintidós personas infectadas.

Casi siete años después, las autoridades finalmente identificaron a un sospechoso. Resultó ser un científico del ejército, experto en biodefensa, que se suicidó al enterarse de que sería acusado y enjuiciado por los ataques de 2001.

Mirando atrás, el fiasco de haber llegado a pensar que tuvimos ántrax me enseñó que nunca podemos subestimar el poder de la sugestión. La mente es el arma más poderosa que tenemos. Podemos dejar que la invadan los temores y las dudas o entrenarla para que se enfoque en los hechos y no en la ficción. Nuestros pensamientos pueden moldear nuestra realidad, y en algunos casos, distorsionarla.

Tras convertirme en campeona centroamericana de natación, viajé a Estados Unidos en busca de nuevos retos. Aquí aparezco con los cuatro trofeos que gané en una competencia nacional en Columbus, Ohio, donde me apodaron "Meteorito" por lo rápido que cruzaba la piscina.

Mi boda con Guillermo Ramis en San Juan, Puerto Rico, el 12 de octubre de 1984.

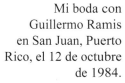

Esta fue la foto oficial que el Canal 24 de Puerto Rico distribuyó a la prensa en 1987, anunciando que yo sería parte de su equipo de reporteros y presentadores de noticias. Fue mi primer trabajo en televisión.

Con el Kremlin de trasfondo, cubriendo la nueva etapa de reforma y apertura en la Unión Soviética. Después de este reportaje especial, mi carrera periodística se disparó como un cohete. Diciembre de 1987.

Con el Reverendo Jesse Jackson en Puerto Rico, la noche que recibí el premio como "Periodista de Año" en 1988. Después de la ceremonia de premiación, logré obtener una entrevista exclusiva con el entonces aspirante a la nominación presidencial por el Partido Demócrata que acaparó los titulares.

Una amiga y compañera de trabajo me tomó esta foto cuando yo presentaba el Noticiero Univisión. Fue tomada en Miami en 1992, poco después de que la cadena trasladara sus oficinas de California a la Florida.

Con Myrka Dellanos en el estudio de Primer Impacto, en 1994. El nuestro fue el primer programa de noticias de la televisión hispana presentado por dos mujeres y nuestra combinación de "dulce y picante" fue un éxito rotundo.

Con Janneth Quintero en Hollywood, después de que el famoso radiolocutor Casey Kasem nos entregara en 1995 el premio Génesis, por denunciar el maltrato a los animales en las charreadas y rodeos estadounidenses.

El 27 de enero de 1996, día de mi boda con Manny, entré a la iglesia del brazo del gran amor de mi vida, mi papá.

En marzo de 1997 durante el lanzamiento de mi primer libro *El Secreto de Selena*, en una librería de Miami.

Cuando fui escogida "Madrina del Desfile Puertorriqueño" en Nueva York, caminé por la Quinta Avenida con la bandera de Puerto Rico en mano. Esa mañana de junio de 1997, más de un millón de personas se lanzaron a la calle a celebrar. Fue una de las experiencias más emotionantes de mi vida.

Con Raúl y Milly De Molina y mi esposo Manny Arvesú, en un safari por el Delta de Okavonga en Botswana, África. Cuando posamos para esta foto, en septiembre de 1997, yo tenía 5 meses de embarazo. Minutos después, un elefante casi nos aplasta.

Con Manny frente a la Catedral de San Basilio en la Plaza Roja de Moscú, el gran día en que íbamos a conocer a nuestro hijo Adrián Vadim. Antes de visitar el orfelinato compramos una cajita de música en forma de la catedral para regalársela cuando fuera grande. (agosto de 2000)

Cuando tuve a mi hijo Adrián Vadim por primera vez en brazos. Su pijama tenía un número 6, ya que en el orfelinato de Rusia donde vivía identificaban a los niños con números. (agosto, 2000)

En República Dominicana la noche en que fue develada mi estrella en el "Boulevard de las Celebridades" de Santo Domingo.

Con Manny y nuestros hijos, horas después de que Lara naciera por medio de una cesárea en un hospital de Miami, Florida, el 10 de enero de 2001.

Bautizamos a Lara y a Adrián el mismo día, en abril de 2001.

Bromeando durante una sesión de maquillaje en la época de *Primer Impacto* con Myrka y Lazz Rodríguez, el maquillista de Univisión a quién ambas consideramos un gran amigo.

Con Myrka la última vez que presentamos el desfile de estrellas por la alfombra roja de los "Premios lo Nuestro" de Univisión, en febrero de 2002.

Con Manny durante nuestra visita a Río de Janeiro en marzo de 2002. Cuando las fotos de este viaje fueron publicadas en la revista *Hola*, nadie imaginaba que nuestro matrimonio estaba en crisis. Al fondo, se ve diminuta la monumental estatua del Cristo Redentor, una de las maravillas del mundo moderno.

Esta foto marcó un hito en mi carrera. Fue tomada el 10 de abril de 2002 cuando Telemundo y NBC anunciaron mi contratación como presentadora y jefa editorial de *Al Rojo Vivo con María Celeste* y colaboradora de programas de NBC como *Dateline* y *Today*. A mi izquierda, el Presidente de NBC Andy Lack y a mi derecha, el Presidente de Telemundo, Jim McNamara.

Manny, nuestros hijos y yo, disfrazados para Halloween en el 2002.

Vicente Fernández me hizo sentir como en mi casa cuando lo visité en su rancho en Guadalajara, México en el 2002. "Don Chente" fue tan gentil que al momento de partir, él personalmente me condujo al aeropuerto.

Con Manny y los niños en una playa de mi querido Puerto Rico. (2003)

Entrevistando a Ricky Martin en Miami el 17 de noviembre de 2003, para mi programa *Al Rojo Vivo con María Celeste*.

Con Manny y mis hijos en diciembre de 2003 cuando fuimos a comprar el árbol de navidad. Días después, él se fue de la casa definitivamente.

En la alfombra roja del homenaje que Telemundo le hizo a Celia Cruz en el 2003, con un traje de Ungaro. Después de ser criticada por mi forma de vestir cuando empecé en la televisión, decidí prestarle atención a mi apariencia y terminé siendo escogida como una de "Las Mejores Vestidas" por *People en Español*.

Con Emilio y Gloria Estefan y sus cachorritos Buldog en su hogar de Star Island en Miami. (2004)

Con Shakira en la casa que ella alquiló en Nassau, las Bahamas para producir su disco *Fijación Oral*. (marzo de 2004)

Firmé los papeles de mi divorcio de Manny en junio de 2005, el mismo día en que horas después, recibí un premio Emmy en San Antonio, Texas. Como dice el refrán, fue "una de cal y otra de arena".

Esta foto fue tomada en la plaza del Centro Rockefeller de Nueva York, la primera vez que participé como copresentadora del show matutino *Today* de NBC. El *New York Times* la publicó el 23 de julio de 2006 junto a un artículo sobre mi "crossover" titulado *Rompiendo la Barrera del Sonido*.

Después de conducir el *Today* show, viajé a Tanzania, África como tenía programado. Contrario a lo que algunos podrían pensar, prefiero estar en medio de la naturaleza que en cualquier alfombra roja. (Cráter Ngorongoro, 2006)

En mayo de 2006, Telemundo colocó esta enorme cartelera con mi foto en el Times Square de Nueva York para promover la nueva programación de la cadena. Cuando la vi en persona por primera vez, ¡no podía creerlo!

El 3 de abril de 2007 celebramos por todo lo alto el quinto aniversario de *Al Rojo Vivo con María Celeste*. De izquierda a derecha: Jorge Hidalgo, Vicepresidente Ejecutivo de Noticias y Don Browne,

nuevo Presidente de Telemundo. Me vestí con un traje color amarillo brillante para celebrar que "el sol también brilla en Telemundo".

Con mi mamá y mi "segunda mamá" Luissette en la cocina de mi casa en Miami, en 2007.

Posando para una revista con mi adorada hija Lara en Miami, 2007. (crédito: Omar Cruz)

Con mis tres hijos Lara, Adrián y Julián en Miami una
tarde de mayo de 2007. (crédito: Omar Cruz)

Con Adrián Vadim en julio de 2007 cuando cumplió 8 años en Harbour
Island, las Bahamas.

Compartir con las ballenas grises en el santuario marino de la Laguna San Ignacio en Baja California, México, fue una experiencia emocionante. (2008)

Junto a mi agente Raúl Mateu, de la agencia William Morris, en una fiesta que dio su compañía en Nueva York, en mayo de 2008.

Con mis amigas y compañeras de trabajo Ibis Menendez (con lentes) e Irma Negroni en mi fiesta de despedida de *Primer Impacto* en un restaurante de Miami Beach en el 2002. Ibis y yo estamos convencidas de que teníamos anthrax poco después de los ataques terroristas del 9/11.

17

—⊗⊗⊗—

SÓLO TENEMOS UNA VIDA Y HAY QUE VIVIRLA INTENSAMENTE

Un querido amigo mío, amante del océano, siempre promulga a los cuatro vientos que: "Quien evita navegar en el mar picado, nunca aprende a ser un buen marinero". Creo que lo mismo se puede decir de la vida.

En vez de huirle a nuestros miedos, debemos conquistarlos. De lo contrario, dejamos pasar oportunidades increíbles para ver el mundo y disfrutar a plenitud.

— ∞∞∞ —

Estaba embarazada de mi hijo Julián, con cinco meses de gestación, cuando viajé al África por primera vez. Era un viaje que mi segundo esposo Manny y yo habíamos estado planificando por más de un año, junto a mi querido amigo Raúl "El Gordo" de Molina y su esposa Milly a quien conozco desde que ambas fuimos juntas a la universidad. Cuando llegó el momento de confirmar el viaje, Manny y yo decidimos proseguir con los planes, a pesar de que por mi embarazo no podía vacunarme contra la malaria. Recuerdo que antes de marcharnos, mi mamá me llamaba todos los días para recitarme la lista de situaciones peligrosas que podría enfrentar en el continente africano.

"Mari, tienes que estar loca para hacer ese viaje a estas alturas de tu embarazo. ¿Qué tal si te da malaria?", insistía.

"Mami, no voy a dejar de vivir a plenitud por miedo a lo que pueda pasar", le dije. "Tendré mucho cuidado, ¡pero de que voy, voy!"

Total, que ni ella ni yo imaginábamos que el verdadero peligro que me aguardaba no provenía de un diminuto mosquito transmisor de malaria, sino de un enorme elefante.

Desde el momento en que llegamos al hotel ecológico de Sandibe, en Botswana, nos advirtieron: "Cuidado con los elefantes". En ese país, había una superpoblación de paquidermos, y el gobierno había decidido permitir su caza. Como podrán imaginar, los elefantes odiaban a los humanos y se ponían agresivos si uno se acercaba demasiado.

Pero el problema más grande, era Raúl. Su pasión es la fotografía y le encanta acercarse lo más posible a los animales salvajes, incluyendo los elefantes. A pesar de que lleva mucho tiempo como presentador de televisión, actúa como si siguiera trabajando de fotógrafo en la revista *Time*, como hizo al principio de su carrera.

La tarde en que salimos a nuestro primer safari, Raúl iba cargado con su equipo fotográfico y yo con todo tipo de repelente de insectos. Mi preocupación seguía siendo la malaria. Iba vestida como una monja, con ropa que me cubría casi todo el cuerpo para evitar las picadas.

En el camino, nos topamos con un elefante en cada esquina y Raúl siempre le pedía a nuestro guía que se acercara al animal, mientras más cerca, mejor. Los elefantes se ponían furiosos ante nuestra proximidad y barritaban fuertemente para que nos fuéramos de allí. A todos en el jeep nos inquietaba la reacción violenta de estos enormes animales que estaban a sólo cinco pies de distancia de nosotros, pero Raúl seguía de lo más campante. Insistía en que nada iba a pasar y seguía disparando su cámara.

"¿Para qué trajiste todos esos lentes que se usan para fotografiar desde lejos si te ibas a acercar tanto?", le decía para molestarlo.

"Yo no viajé hasta acá para verlos de lejos", me dijo. "Para eso me hubiera quedado en casa, viéndolos por el canal *Discovery*".

Al guía le hacían mucha gracia nuestras discusiones. Tanto él como el rastreador, un africano experto en encontrar animales, que iba sentado en el capó, nos decían que no teníamos de qué preocuparnos, a menos que el elefante se pusiera a raspar el suelo con la pata.

Así que seguimos yendo a los safaris dos veces al día, hasta el final de nuestras vacaciones. En nuestro último recorrido, fuimos en busca de leopardos por un camino lleno de arbustos y árboles caídos. Me sentía un poco nerviosa porque con tanta maleza era difícil ver por dónde íbamos y lo menos que queríamos hacer era asustar a un elefante. Pero eso fue exactamente lo que hicimos. Al virar en una curva nos topamos con un elefante macho, a pocos pies de distancia. Aparentemente, la manada entera estaba cruzando por allí y, sin querer, nosotros les habíamos bloqueado el paso. Al ver que habíamos invadido su territorio, el elefante reaccionó exactamente de la manera que temíamos.

Empezó a raspar el suelo con su enorme pata.

En un abrir y cerrar de ojos, el rastreador dio un brinco y aterrizó en el asiento del pasajero, al lado del guía.

El elefante levantó tierra con la trompa y vino a la carga. Nuestro guía dio marcha atrás al jeep a toda velocidad para huir en dirección opuesta. Dos o tres segundos después, cuando se hizo evidente que el elefante era más rápido y que sería imposible escapar, sucedió lo más increíble. Un pequeño ciervo que apareció de la nada, cruzó entre el jeep y el furioso animal, haciendo que el elefante frenara en seco. Por un instante, el elefante pareció confundido y, para nuestra sorpresa y alivio, arrancó detrás del ciervo y se olvidó de nosotros.

Cuando por fin pudimos respirar, nos dimos cuenta de que nos habíamos estrellado contra un arbusto espinoso. Todos los que iban en el asiento trasero terminaron cubiertos de espinas. Pero nadie dijo ni una palabra.

Cuando Raúl finalmente rompió el silencio, fue para preguntarle a Manny, quien había estado filmando la excursión, si había logrado captar lo sucedido. Afortunadamente, Manny había filmado todo el episodio y la semana siguiente, Raúl presentó las imágenes en su programa de televisión.

Sin duda, esta historia no hubiera tenido un final feliz de no haber sido por los buenos reflejos del guía y por el incauto ciervo que seguramente se llevó la peor parte.

Además de dejarnos con una gran anécdota que contar, el mal rato en Botswana nos brindó una lección: el peligro acecha en cada esquina, ya sea un elefante que nos persiga por la sabana africana o un resbalón en la sala de la casa. Nuestros días en este maravilloso planeta están contados. Lo que no sabemos es cuándo nos llegará la hora. Por eso tenemos que disfrutar la vida al máximo.

Por esa razón, no permití que ese incidente me traumatizara al punto de quitarme los deseos de volver al África. Regresé en más de una ocasión para visitar Kenia, Sudáfrica y Tanzania. Gracias a eso, pude besar una jirafa en un santuario de Nairobi, vi una hipopótamo amamantando a su cría en una laguna de Tanzania y fui testigo de cómo un cocodrilo devoraba a un viejo ñu que intentó cruzar un río en el Serengueti.

En vez de tener miedo, hay que ser arriesgados. Hay que enfrentar con valentía nuestros temores y decidir si vamos a limitarnos a contemplar el mundo, mientras esperamos lo inevitable, o si seremos protagonistas de nuestras vivencias. Todo depende de nosotros.

Por mi parte, prefiero arriesgarme a que me devore un tigre o a caer al vacío mientras intento llegar a la cima de un volcán.

Prefiero ser partícipe de mi vida, antes que observarla.

Prefiero vivir. Y espero que mis hijos hagan lo mismo.

Más que nada, sueño con regresar al África, esta vez con mi hijo Julián a mi lado.

18

PRÉSTALE ATENCIÓN
A TU SEXTO SENTIDO

Antes de que aprendamos a hablar, reír o fruncir el ceño, antes de que podamos mirar a nuestros padres a los ojos, ya somos capaces de comunicarnos.

Millones de años de evolución nos han equipado de un sexto sentido que nos alerta del peligro. Es algo que no se puede explicar con la lógica o la razón y entenderlo es clave para la supervivencia.

Ahora sé que mi hijo, Julián, estaba pidiendo ayuda.

Nació antes de tiempo, con sólo treinta semanas de gestación y pesaba poco más de cinco libras. Necesitaba toda mi atención y mucho más. Había que darle de comer a cada hora y la carga era muy fuerte para mí, así que contraté a una señora para que me ayudara con él y los quehaceres cotidianos. Vino muy bien recomendada y creí que era la candidata perfecta por su manera de ser tan amable. Trabajaba muy duro, siempre estaba pendiente cuando él lloraba y estaba dispuesta a ayudarme en todo. Su nombre era Ángela y yo a menudo le decía que era mi ángel. Cuando los dejaba cada mañana, ella acunaba a Julián amorosamente en sus brazos y al regresar de mi trabajo, lo encontraba dormidito tomando su biberón, mientras nuestra perra *Chow Chow* llamada Chula descansaba junto al sillón. Era una imagen tan perfecta que parecía una postal. Por eso no podía entender por qué era que me sentía tan preocupada cada vez que salía de la casa ni por qué razón mi bebé estaba tan enfermo.

Al principio, pensábamos que Julián era alérgico a la leche de fórmula que le estábamos dando. Pero aun cuando probamos con diferentes tipos y marcas, su reacción seguía siendo la misma. Vomitaba y vomitaba sin parar. Lo llevé al médico para ver si sufría de algún malestar estomacal o reflujo, pero no dábamos con la respuesta. A las seis semanas de nacido, era incapaz de comer sin vomitar después.

Hoy sé que esa era su manera de decirme que algo andaba terriblemente mal.

Cuando Julián cumplió ocho semanas de nacido, mi esposo Manny me convenció de que saliéramos al cine una noche, algo que no habíamos hecho en varios meses.

Estábamos en el cine y mientras él veía la película yo estaba tan ansiosa que sentía el estómago revuelto. Hasta el día de hoy, no recuerdo qué película vimos. Lo que sí recuerdo es que una voz dentro de mí me decía que saliera corriendo a mi casa en ese mismo instante.

"Vámonos", dije en medio del filme.

"¿Qué? Mari, estás siendo sobreprotectora. A Julián no le pasa nada serio", me dijo Manny y trató de calmarme.

Así que permanecimos en el oscuro cine hasta que terminó la dichosa película, mientras yo trataba de controlar mi angustia. La intuición me decía que algo malo le estaba pasando a mi bebé; era algo mucho más fuerte que una sensación. Era una certeza.

Manny no había acabado de detener el auto frente a la casa cuando yo me bajé, entré a toda prisa y encontré a Julián… perfectamente seguro en los brazos de Ángela, dormidito y chupando su biberón.

Tal vez Manny tiene razón, pensé. Tal vez me estaban

afectando los videos de nanas maltratando a los niños que a cada rato me tocaba presentar en mi programa de televisión. Aun así, cada vez que salía de la casa sin Julián, esa voz dentro de mí no se callaba y me hacía sentir inquieta.

Para salir de dudas, contraté una compañía de seguridad que instaló una cámara escondida en mi habitación, enfocada en la cuna del bebé. El instalador me recomendó que antes de dejar sola a la niñera en la casa, le dijera que iba a estar fuera el día entero y que seguramente llegaría muy tarde. De esa manera, me dijo, ella iba a bajar la guardia y a demostrar quién era realmente. Más que nunca, pensé que me estaba volviendo loca.

Puse la cámara a prueba ese mismo viernes. Le di un beso a Julián y lo acosté en su cuna temprano en la mañana. Le recordé a Ángela, mi ángel, que la leche estaba en la nevera y que en media hora le tocaba el biberón. Iba a estar fuera el día entero, le dije, y no regresaría hasta las cuatro de la tarde. Así los dejé, el bebé moviendo sus piernitas en la cuna y Ángela sonriendo.

La mañana entera estuve luchando contra los nervios y me puse a hacer diligencias para poder distraerme. Cuando dieron las cuatro de la tarde, la voz dentro de mí se había convertido en un grito que me suplicaba que regresara a casa. Al abrir la puerta, encontré la misma escena de siempre: Ángela acunaba a mi bebé suavemente, arrullándolo como una abuela, mientras él bebía de su biberón y nuestra perra negra movía la cola junto a ellos.

Cuando mi esposo regresó a casa, le di el fin de semana libre a Ángela para poder ver el video en privado. En cuanto Manny comenzó a rebobinar la cinta, sentí una ansiedad tan agobiante que tuve que salir de la habitación antes de que empezara el video.

"No puedo verlo", le dije.

Dentro de mí, sabía que contenía algo terrible.

Manny la miró mientras yo esperaba en la salita adyacente. En un momento, creí escuchar el llanto de un bebé. Se me aguaron los ojos. Después de lo que pareció ser una eternidad, Manny salió del cuarto blanco como un fantasma, como si estuviera a punto de desvanecerse.

"Es peor de lo que imaginabas", me dijo.

Lo que vi en el video demostró que mi instinto estaba en lo cierto.

En cuanto salgo por la puerta, Chula corre y se sienta debajo de la cuna, como si la estuviera protegiendo. Media hora más tarde, cuando le toca la leche a Julián, él empieza a moverse y a pedir comida. Entonces llora y llora. Llora con más fuerza, desesperado, sollozando del hambre. Por fin llega Ángela, se acerca a la cuna, se agacha y le da un puñetazo a mi bebé.

"¡Ya está bueno!" le grita, dándole un golpe tan fuerte que hace estremecer su cuerpecito de 9 libras.

Hay un segundo de silencio. Mi bebé empieza a dar alaridos, gritando sin parar. Julián sigue llorando hasta quedarse dormido, se despierta con hambre y vuelve a dormirse, completamente exhausto. Entretanto, Ángela registra mis gavetas y habla con sus amigas por teléfono, quejándose de lo malcriado que es mi recién nacido.

Chula permanece debajo de la cuna, como si de alguna forma estuviera protegiendo al bebé. Cuando la perra levanta las orejas y sale ladrando del cuarto, Ángela se va a toda prisa, regresa con un biberón y empieza a darle de comer a Julián en el sillón. Escucho una puerta que se abre y mi voz anunciando que he regresado a casa.

El puñetazo fue tan fuerte, que el médico que vio el video en la sala de emergencia del Hospital Pediátrico de Miami de inmediato ordenó que le practicaran a Julián una tomografía de cuerpo completo. Su pediatra lloró al ver las imágenes. Afortunadamente, los bebés son fuertes. Julián no resultó lesionado en ese ataque ni en los otros que Ángela más tarde confesó ante la policía. No le pasó nada ni cuando ella lo agarró por los tobillos y lo sacudió fuertemente, como ella misma reconoció. Ángela pensaba que no había hecho nada malo e insistía que lo había cuidado como si fuera su propio hijo. Puso como ejemplo que cuando tenía cólico, le preparaba un remedio casero hecho con anís estrellado. *Anís estrellado*, el mismo que puede causar convulsiones y daños neurológicos. Y eso es sólo lo que ella *admitió* que había hecho. No quiero ni imaginar lo que no se atrevió a decir.

Como Julián no sufrió ninguna herida o lesión, Ángela no fue encarcelada. Sólo le ordenaron asistir a unos cursos para aprender a controlar la ira y a servir unas cuantas horas de trabajo comunitario. No supe más de ella, pero imagino que sigue libre en alguna parte de Miami. El que terminó pagando las consecuencias del ataque fue Julián y nosotros que, quedamos afectados emocionalmente con un fuerte sentimiento de culpa.

Tras el arresto de Ángela, Julián cambió por completo. Dejó de vomitar la leche y rápidamente comenzó a ganar peso.

Se convirtió en uno de esos bebitos risueños que raras veces se enferman o lloran.

Todos sus problemas de salud habían sido una reacción al abuso al que estaba siendo sometido. "Antes de poder hablar, los bebés se comunican con sus cuerpos", me explicó el pediatra.

Después de pasar por esta experiencia, recibí cientos de cartas y llamadas de los televidentes de mi programa de televisión pidiéndome que los orientara porque temían que sus hijos estuvieran siendo abusados y no sabían qué hacer. Muchos me decían que no tenían trescientos dólares para alquilar una cámara escondida y comprobarlo, como hice yo. Para ayudarlos, consulté a expertos en seguridad y todos me dijeron lo mismo: cuando un padre sospecha que su hijo está siendo maltratado, en siete de cada diez casos está en lo correcto. Por lo tanto, no hace falta gastar una fortuna en equipo de alta tecnología. Lo mejor es actuar.

De haberlo sabido antes, no habría luchado tanto contra mi sexto sentido. Cuando la intuición nos dice que algo anda mal hay que prestarle atención porque nunca falla.

19

⸙

EL AMOR TE ESPERA
DONDE MENOS LO ESPERAS

Las luces de la Plaza Roja de Moscú se filtraban por la ventana de mi habitación en el hotel mientras yo hacía las maletas para regresar a casa.

Me detuve por un momento para asomarme a la ventana y ver la plaza cubierta de nieve, cuando un sentimiento muy poderoso me sobrecogió. Era una especie de nostalgia, un anhelo inexplicable, una sensación de que algo trascendental me ocurriría en este mismo lugar, algo que nada tenía que ver con el trabajo periodístico del Canal 24 en Puerto Rico que me había llevado hasta allí. Tuve la certeza de que algún día regresaría y un escalofrío recorrió mi cuerpo.

¿Qué podía evocar una emoción así?

Lo interpreté como un romance. Aunque estaba casada, no podía evitar el sentimiento de que en este lugar, en este país, me esperaba un gran amor y una experiencia que cambiaría mi vida. Lo sentía en lo más profundo de mi ser.

Trece años más tarde, cuando mi segundo esposo y yo decidimos adoptar a un niño, contratamos los servicios de una agencia de adopciones en la Florida. El abogado a cargo de nuestro caso nos explicó que pronto estaría enviándonos por correo electrónico la foto de un niño disponible para nuestra consideración. Si no nos parecía que era el indicado para nosotros, nos enviarían la foto de otro pequeñito.

Pero yo no quería de ninguna forma rechazar a un bebé sólo por su aspecto físico. Decidí ponerlo todo en manos del destino y aceptar al primer niño que la agencia sugiriera.

"Cualquiera que sea, ese será nuestro hijo", le dije a Manny.

De pequeña, prometí que algún día adoptaría a un niño.

Siempre me conmovieron los niñitos huérfanos creciendo soli-
tos en este mundo sin amor ni comprensión. Durante mi primer
matrimonio, después de conocer a Manny, mi segundo esposo,
y del nacimiento de mi primogénito, Julián, el deseo de adoptar a un bebé permaneció conmigo.

Lo que me convenció a dar el primer paso fue un reportaje
que presenté por televisión sobre un orfelinato en Centroamérica. Trataba de un grupo de monjitas que cuidaba a una infinidad de niñitos de una comunidad indígena que habían perdido
a sus padres o habían sido abandonados. Cuando terminé de
verlo, me sentí tan acongojada que tuve que respirar profundo
y aguantar las lágrimas para poder despedir el programa. Tan
pronto salí del estudio, me comuniqué con las monjitas del
orfelinato. Había llegado el momento de cumplir mi promesa.

Por desgracia, las religiosas me explicaron que ellas no
podían dar a esos niños en adopción porque los miembros de
esa tribu indígena veían con malos ojos que los pequeños fueran sacados de su comunidad y crecieran con otras tradiciones.
Las monjitas temían que si daban a un niño en adopción a alguien que no fuera de la tribu, en el futuro los indígenas no les
entregarían a los niños huérfanos para cuidarlos y quedarían
desamparados.

Manny y yo pasamos los siguientes meses buscando un

niño para adoptar y, en el proceso, salí embarazada de mi hija Lara. Pero eso no importó. Seguimos intentando adoptar en Latinoamérica y el Caribe, a pesar de que encontramos un obstáculo tras otro. Si no era la burocracia, era la corrupción.

Finalmente, nuestro abogado sugirió que tratáramos de adoptar un bebito en Rusia y aceptamos. En realidad no nos importaba de qué país fuera. Un niño necesitado no tiene nacionalidad.

Al poco tiempo, la agencia me envió por Internet la foto de un varoncito de trece meses que vivía en un orfelinato de Stupino, un pueblito a dos horas de Moscú.

El bebé tenía una mirada perdida y me llamó la atención que siendo varón, estaba vestido con un pijama rosado. Era evidente que estaba desnutrido. Su carita estaba tan demacrada que las orejas se veían grandes y fuera de proporción y sus ojitos estaban apagados.

Su nombre era Vadim.

Manny y yo viajamos al otro lado del mundo, hasta Moscú, para conocerlo. Llegamos tarde y cansados y pasamos la noche en un hotel, donde me quedé profundamente dormida, soñando con mi niñito.

A la mañana siguiente, condujimos por dos horas bajo un cielo nublado hasta Stupino, el pueblito donde estaba Vadim.

Tan pronto llegamos, paramos en una tienda para comprarle un juguetito.

El orfelinato se llamaba "Rayito de Sol". Estaba en un viejo edificio que necesitaba pintura, pero el jardín estaba lleno de flores.

Entramos, y de inmediato sentí un fuerte olor como a pescado quemado. Estaba oscuro y noté que apenas había muebles. Una de las empleadas nos llevó hasta una salita donde sólo había un corral en el piso. Allí estaba Vadim. Nos acercamos a él cautelosamente para no asustarlo. Lo saludamos con palabras cariñosas, pero él ni se volteó a mirarnos. Noté que tanto el pantaloncito como la camisa que llevaba puestos y la sabanita en la que estaba acostado estaban marcados con un número 6. Me explicaron que cada bebé era identificado con un número.

Vadim estaba en una edad en la que los niños ya dan sus primeros pasos, pero él apenas podía sentarse, y cuando lo lograba, no era por mucho tiempo. Como había sólo una enfermera a cargo de veinte niños, los huerfanitos a menudo pasaban el día entero acostados boca arriba y sus músculos abdominales estaban flácidos.

Pregunté si podía tomarlo en mis brazos. Su ropita le quedaba grande, estaba curtida de sucio y olía a humedad. Cuando se lo pasé a Manny, la empleada le advirtió: "Cárguelo con cuidado para que no se asuste. No está acostumbrado a ver hombres".

Podíamos oír el llanto y los gemidos de otros niños. "Nos gustaría llevarlo afuera. Quisiéramos estar a solas con él", le comenté a la empleada.

Ella consideró nuestra petición por un momento. Según nos dijo, después de nacer, Vadim había sido traído directamente al orfelinato en horas de la noche.

"Nunca ha visto la luz del día", añadió.

Apenas pude dormir esa noche.

Después de pasar la tarde con Vadim, no dejaba de dar vueltas en la cama. Me preocupaba su mirada perdida, el hecho de que no nos mirara, el que no pudiera sentarse y gatear, tan diferente a mi hijo Julián, que a esa edad ya caminaba. Vadim tenía serios problemas de desarrollo y me preguntaba cómo podría llegar a ser la madre que él necesitaba.

Desperté a Manny para expresarle mis inquietudes y decidimos llamar al pediatra de Julián en Miami, donde ya era de día.

Hablamos por un buen rato sobre los cuidados especiales que Vadim seguramente iba a necesitar. Él ayudó a despejar mis temores. Prometió que estaría a nuestro lado a cada paso apoyándonos y añadió algo que nunca olvidaré: "El amor es la mejor medicina".

Me acosté confiada en que estábamos dando el paso correcto.

Por desgracia, no pudimos regresar a Miami con Vadim en brazos como hubiésemos querido.

El gobierno ruso requiere que las familias que están considerando adoptar un niño pasen por un periodo de dos meses de espera que les permita reflexionar sobre esa decisión tan trascendental. Algunas familias se arrepienten de dar el paso en ese periodo. Pero nosotros no. Al cabo de esas ocho semanas que parecieron interminables, ratificamos nuestro compromiso de adoptar a Vadim y el gobierno ruso nos dio luz verde.

Por mi avanzado estado de gestación, mi médico recomendó que no viajara en avión, así que Manny le pidió a su mamá que lo acompañara a Rusia para buscar a Vadim.

El día en que llegó Vadim fue todo un acontecimiento. Mi familia y mis amigos fueron al aeropuerto, donde Julián y yo estábamos ansiosos por recibirlo. Llevamos globos amarillos, el color que simboliza el regreso a casa de los seres queridos.

Manny se bajó del avión empujando el cochecito de Vadim,

que estaba chupándose un dedito. Julián se acercó y lo besó en la frente.

Cuando mi hijo cumplió cinco años, le regalé la cajita de música de madera que había comprado en Moscú la misma tarde en que lo conocí. Es una réplica de la famosa Catedral de San Basilio en la Plaza Roja.

"¿Qué es ésto, mami?", me preguntó.

"Es un pedacito de Rusia que he guardado para ti". Le di vuelta a la llave y la música de *Doctor Zhivago* comenzó a salir de la cajita. Sus ojitos brillaron y mi corazón cantó con emoción. Siempre me ha encantado esa película. Es la razón por la que le puse a mi hija Lara, como la protagonista. Lara nació dos meses después de que trajéramos a Vadim a casa y se convirtiera en Adrián Vadim.

Los primeros meses fueron difíciles para todos, pero especialmente para Adrián. Como nadie le hablaba en el orfelinato, nunca aprendió a balbucear como hacen otros niños antes de comenzar a hablar. Sólo sabía gruñir y tuvo que recibir varios meses de terapia. También necesitó fisioterapia para fortalecer sus músculos, de manera que pudiera sentarse derecho, gatear y, con el tiempo, caminar. Además, recibió terapia ocupacional para aprender a relacionarse con los demás.

Como no había tenido contacto físico con otras personas, su sistema nervioso estaba atrofiado. Una caricia le provocaba una reacción tan intensa que no podía tolerarla. El roce de una pluma le resultaba insoportable. Por órdenes del médico, tuvimos que pasarle un cepillo de cerdas gruesas por todo el cuerpo cada dos horas durante dos meses. Así fue como logramos estimular el desarrollo de sus nervios sensoriales.

Hasta las cosas que asumimos serían rutinarias, resultaban complicadas. Debido al espeso potaje que le daban de alimento en el orfelinato, su sistema digestivo no se había desarrollado debidamente y cada vez que evacuaba lloraba de angustia. Le aterraba la hora del baño. Al principio, lo metíamos en la bañera y gritaba de terror. Como en el orfelinato a los bebés los bañaban en grupo, uno detrás del otro, sin una madre que estuviera pendiente de la temperatura del agua, probablemente ésta estaba muy fría o tan caliente que le quemaba la piel. No fue hasta que lo metimos en la bañera con Julián que se dio cuenta que no había nada que temer.

Tardó semanas en recuperarse de un sarpullido provocado por los pañales, tan severo que laceró su piel dejando una hendidura de un cuarto de pulgada en su pequeño trasero. Como en el orfelinato había pocas empleadas a cargo de tantos bebés, frecuentemente pasaba el día entero con el mismo pañal sucio.

Pero la terapia más efectiva que Adrián recibió fue la que sólo el amor puede dar. Aprendió a mirarnos a los ojos, a abrazarnos y a mostrar afecto. Aprendió a amar.

Ahora me pide un tiempito "sólo de nosotros" para sentarse conmigo y contarme las tribulaciones románticas típicas de cualquier niño de nueve años. Me habla de la compañerita de clases cuya foto guarda debajo de su almohada. De la niña con quien comparte su merienda y le lleva regalitos, y de otra, que no le corresponde.

"Si es tan tonta que no se da cuenta de lo especial que eres, entonces no merece tu cariño", le dije en una ocasión.

"Mamá", me respondió como todo un hombrecito, "hazme el favor de nunca más expresarte así de la mujer que amo".

Ante mis ojos, se ha transformado en un ser humano de fuertes convicciones, con una increíble capacidad para amar. Pensé al adoptarlo que estaba haciendo algo maravilloso por él, pero es él quien ha hecho algo maravilloso por mí. Me ha hecho descubrir una nueva dimensión del amor.

Recuerdo que una vez me preguntó preocupado por qué Julián y Lara habían salido de mi barriga y él no.

"Porque tú saliste de mi corazón", le respondí. "Eres tan especial que viajamos al otro lado del mundo sólo para buscarte".

Hasta el día de hoy, Adrián guarda la cajita de música en un lugar especial de su habitación. A veces la saca y la mira intensamente, percibiendo cada detalle y cada color. Al ver sus manitas sujetándola, pienso en todo lo que ha tenido que superar. En ese momento vienen a mí recuerdos de muchos años atrás: mi primera visita a Moscú, aquella ventana de hotel que miraba a la Plaza Roja y a la Catedral de San Basilio bajo la nieve, el gran amor que me esperaba.

"¿Qué edificio es éste, mamá?", me preguntó una vez sobre la cajita de música.

"Ese es tu castillo, Adrián Vadim". Le besé la frente. "Y tú, eres mi príncipe".

Un príncipe que trajo un rayito de luz a nuestras vidas antes de que hubiera visto el sol.

20

---◈◈◈---

NUESTRO NOMBRE ES NUESTRA
MÁS PRECIADA POSESIÓN

No importa cuánto dinero y posesiones acumulemos en esta tierra. La herencia más importante que le podemos dejar a nuestros hijos es nuestro nombre. Puede ser motivo de orgullo o de vergüenza, y eso depende de nosotros. A mí me tocó defender el mío cuando intentaba poner en alto el de otra persona. El de Selena.

Tuve la oportunidad de conversar con Selena en un par de ocasiones, pero realmente llegué a conocerla después de su muerte. Fui la primera en informarle a su público que la querida Reina del Tex-Mex había sido asesinada. Me tocó cubrir el juicio en Houston contra la acusada de dispararle. Y cuando a Yolanda Saldívar la declararon culpable de asesinato, la entrevisté en exclusiva.

Cuando me pidieron que escribiera un libro sobre la verdadera historia detrás de la trágica muerte de Selena, en un principio tuve dudas. Hacía poco me había casado por segunda vez y estaba trabajando a tiempo completo como presentadora de televisión. Tenía las manos llenas. Además, nunca antes había escrito un libro y sólo sabía mecanografiar con dos dedos. Pero recordé lo que mi padre me decía cuando era nadadora: *"No metas el pie en la piscina, Mari. Si descubres que el agua está demasiado fría, nunca vas a zambullirte"*. Decidí aceptar el reto.

Durante meses, me dediqué a entrevistar a los allegados de Selena y de Yolanda, la asesina convicta. Revisé miles de documentos legales, los reportes de la policía y todo lo que tuviera que ver con los últimos días de la talentosa cantante que falleció poco antes de cumplir los veinticuatro años.

Descubrí que los últimos meses de su vida no fueron color de rosa como su padre, Abraham Quintanilla, le había hecho creer a la prensa. Entre otras cosas, su matrimonio no andaba bien y la relación con su padre tampoco. Como si fuera poco, murió sin hacer realidad su sueño de convertirse en una famosa diseñadora de modas y vender sus creaciones en todo Estados Unidos y México. No me cabe duda de que si le hubiesen dado a escoger entre el mundo de la música y el mundo de la moda, hubiera preferido dedicarse al diseño.

Para escribir el libro tuve que trabajar sin descanso. Todos los días cuando terminaba de presentar el programa de televisión, llegaba a casa y escribía hasta la madrugada.

Cuando por fin mi libro, *El Secreto de Selena*, iba a salir al mercado, me sentí satisfecha de que le hacía honor a su nombre y de que contaba su historia con veracidad y respeto. Pero su padre no lo vio así.

La película de Selena estaba a punto de ser estrenada y Abraham Quintanilla, quien era su productor, estaba furioso porque la historia que contaba mi libro contradecía mucho de lo que salía en su largometraje. Quintanilla amenazó con demandarme y llamó a mis jefes en Univisión para decirles que si no me despedían de inmediato él cortaría su relación con la cadena. También amenazó a la revista *Latina* con retirarle los derechos exclusivos a la premier del film si publicaba pasajes de mi libro como tenía programado. La revista cedió ante la presión de Quintanilla y canceló el acuerdo que teníamos.

Quintanilla no se detuvo ahí. Me acusó de querer hacer dinero a costa de la memoria de Selena. Era una situación delicada, pues aunque necesitaba defenderme no quería enfrentarme a un padre que había perdido a su adorada hija.

Así que decidí cortar el problema de raíz. Anuncié que en honor a la memoria de Selena, todo el dinero que obtuviera de la venta del libro sería destinado a becas de estudios para jóvenes de bajos recursos que quisieran estudiar diseño de moda. Para mí, el dinero no era importante, pero evitar que alguien manchara mi nombre sí lo era.

Pensé que todo estaba resuelto, hasta que un día vi a Selena en la portada de una edición de la revista *Time*. Compré la revista y me la llevé a casa para leerla. No había terminado el primer párrafo cuando me llevé el shock de mi vida. Ahí estaba mi nombre, incluido en la lista de las supuestas aves de rapiña que según el artículo estaban haciendo un festín con la muerte de Selena.

> "Selena es el mayor y más reciente artificio en el fenómeno de las carreras postmortem, que no sólo honran, sino también lucran con la muerte de una celebridad... Las aves de rapiña ya están dando vueltas. El canal E!

de entretenimiento transmitió una
versión dramatizada del juicio de
Saldívar, que piensa volver a difundir pronto. Y en *El Secreto de Selena*,
la última de por lo menos media docena de biografías no autorizadas de
la estrella, la autora y presentadora
de Univisión, María Celeste Arrarás,
sugiere que Selena guardaba un diario secreto y que planeaba echar por
tierra su carrera..."

No podía creerlo. Leí ese párrafo una y otra vez porque no daba crédito a mis ojos. ¿Acaso no sabían que yo había donado las ganancias del libro? De un plumazo, el artículo tiraba por la borda mi credibilidad y reputación, lo más valioso que tiene un periodista. Me preocupaba que los televidentes de mi programa, que adoran a Selena, pensaran que la acusación hecha por una revista tan prestigiosa como *Time* fuera cierta.

Agarré el teléfono y llamé a la revista *Time* para hablar directamente con el autor del reportaje. Me pasaron de línea en línea por varios minutos mientras yo pensaba que estaba sufriendo un infarto. Finalmente, me dijeron que el periodista no estaba y cuando pedí hablar con su editor, me dejaron esperando. Nadie vino al teléfono.

Sólo me quedó una salida: luchar para limpiar mi nombre. Con la ayuda de un abogado, demandé a la revista *Time*. Exigí que se retractara de la barbaridad que habían publicado.

El 6 de abril de 1998, *Time* admitió su error. En su sección de cartas al editor, publicó en letras diminutas la siguiente aclaración:

"En nuestro artículo, "¡Viva Selena!" [Cinema, 24 de marzo de 1997], nos referimos a un libro llamado *El Secreto de Selena* de la presentadora de Univisión María Celeste Arrarás. El libro es resultado de una investigación sobre el asesinato de la cantante. A pesar de que en el artículo, *Time* caracteriza a la Sra. Arrarás como una de las "aves de rapiña que están dando vueltas" tras la muerte de Selena, desconocíamos que la Sra. Arrarás había prometido donar las ganancias de su libro a una causa benéfica. Nuestras disculpas por cualquier malentendido".

Leí y releí esa nota y aún tengo una copia enmarcada en mi oficina. No fue un artículo de primera plana como el primero, pero para mí fue suficiente saber que mi nombre, y por asociación, el de mis hijos, había quedado libre de toda falta.

El Secreto de Selena se convirtió en uno de los libros que más se han vendido en español dentro de la categoría de no ficción y personas de todas partes del mundo conocieron a traves de él la reveladora historia detrás de la trágica muerte de Selena.

La aclaración enmarcada me recuerda que nuestro nombre está sustentado por cada una de nuestras decisiones y que cuando hay que defenderlo, uno tiene que ser implacable. Después de todo, el nombre es un legado que sigue vivo, aun después de nuestra muerte.

21

---❦---

TU PALABRA DEBE SER INQUEBRANTABLE PORQUE SI FALTAS A ELLA TE FALTAS A TI MISMO

La lealtad no debe tener precio porque cuando traicionamos la confianza de alguien, perdemos algo que no se puede comprar: nuestro propio respeto.

Conocí a mi agente, Raúl Mateu, al inicio de mi carrera cuando ambos vivíamos en Nueva York. Esto fue mucho antes de que se convirtiera en un exitoso ejecutivo de la prestigiosa agencia William Morris y se mudara a Miami para encabezar su división de talento hispano.

Desde el principio, los dos teníamos grandes sueños y el compromiso de lograrlos juntos. No teníamos nada que perder y sí mucho que ganar y, en el proceso, nos hicimos amigos.

Por eso él fue la primera persona a quien busqué cuando en el año 2000 comencé a sentirme desencantada con mi labor en uno de los programas de mayor audiencia en Univisión.

Después de copresentar *Primer Impacto* por varios años, sentía que el programa necesitaba evolucionar y quería estar involucrada directamente en su transformación. Además anhelaba explorar nuevos retos en adición a *Primer Impacto*. Pero ambas opciones parecían estar fuera de mi alcance.

Diariamente, tenía que aceptar las decisiones editoriales de productores con poca o ninguna experiencia, muchos de ellos nacidos y criados en Miami que apenas hablaban español y no podían identificarse con la mayoría de nuestros televidentes en el resto del país y Latinoamérica. No tenían ni idea de la realidad que vivían los inmigrantes mexicanos, que son la mayor parte de nuestra audiencia. La frontera era para ellos tan ajena como Marte.

Al haber trabajado en Puerto Rico, Nueva York, Los Ángeles y Miami, conocía de primera mano lo que el público en los diferentes mercados esperaba de una revista noticiosa como la nuestra. Para mí era evidente que el programa a menudo no tenía una visión coherente ni un contenido relevante, y que teníamos que hacer varios cambios si queríamos seguir en la cima. Quería participar en el proceso editorial, pero eso era como nadar contra la corriente.

Un día le pedí a la productora de turno que incluyera una noticia sobre una huelga convocada por la Unión de Trabajadores Campesinos fundada por César Chávez. Tuve que pasar veinte minutos explicándole el legado del líder sindical mexicano hasta que, finalmente y a regañadientes, eliminó una nota tonta sobre la fiebre de los muñequitos de peluche *Beany Babies* para cederle el tiempo a la huelga.

En medio de mi frustración, me desahogaba con Raúl Mateu. Estuvimos de acuerdo en que mi próximo contrato debía incluir una cláusula que me otorgara el derecho a participar en las decisiones editoriales del programa. Sin eso, no había trato.

También quería explorar otros proyectos.

Cada martes en la noche me reunía con Mario Rodríguez, el vicepresidente de programación de la cadena, que quería crear una serie de televisión basada en mi libro *El Secreto de Selena*. Estaba muy entusiasmada con este proyecto y disfrutaba trabajar con ese brillante profesional que me apoyaba mucho. En febrero de 2001, Mario le pidió al departamento de asuntos comerciales que procediera con la compra de los derechos de *El Secreto de Selena* para adaptar la historia a la pequeña pantalla.

Faltaban dos meses para la presentación anual de la programación de la cadena a las agencias de publicidad y necesitaban obtener los derechos antes de poder hacer el anuncio oficial de la nueva miniserie. No había tiempo que perder.

Pero cuando Raúl llamó para darle seguimiento, el jefe de asuntos comerciales explicó que no habría trato, a menos que yo accediera a extender mi contrato de empleo e incluir los derechos del libro como parte de él.

Al principio no estuve de acuerdo. Faltaban varios meses para que mi contrato laboral expirara y no quería entrar en una negociación apresurada porque tenía todas las de perder. Pero ante la insistencia de Univisión y motivada por mi entusiasmo hacia el proyecto de Selena, acepté.

Esperé por la oferta, pero Univisión me dejó esperando.

Dos semanas antes de la presentación de la cadena en Nueva York llamamos al departamento de asuntos comerciales y nos dijeron que no habían tenido tiempo de hacer los cálculos para determinar cuánto podían ofrecerme, y que no tendrían tiempo de hacerlo hasta después de la presentación de la programación de la cadena.

Como si fuera poco, horas más tarde me enteré que los ejecutivos seguían adelante con su plan de anunciar en el evento el proyecto de la miniserie de Selena y que a falta de un acuerdo conmigo, habían decidido simplemente no darme el crédito por el proyecto ni mencionar el libro. Era el colmo.

Raúl y yo decidimos detener esa injusticia. Enviamos una carta advirtiéndole a Univisión que si no desistía de sus planes, habría consecuencias legales. Les dimos un ultimátum. De no llegar a un acuerdo de inmediato con nosotros, los derechos de *El Secreto de Selena* dejarían de estar disponibles. Fue una jugada audaz, sin duda.

Los abogados de la cadena contraatacaron con otra carta en la que me advertían que si vendía los derechos del libro a un tercero, estaría incurriendo en lo que se conoce como competencia desleal, lo que violaría los términos de mi contrato laboral con Univision. Era un argumento debatible pero seguramente sabían que yo no quería poner en riesgo mi trabajo.

Habíamos llegado a un punto muerto.

Al día siguiente, recibí una llamada del presidente de Univisión, Ray Rodríguez, con quien siempre he tenido una buena amistad.

Su tono era conciliador. Quería impedir que la situación siguiera deteriorándose.

"Mari, tú decides si anunciamos lo de la miniserie o no. Te sugiero que nos dejes hacer el anuncio y después de mayo negociamos. Te prometo que todo va a salir bien", me dijo dulcemente. Estaba a punto de aceptar su sugerencia cuando hizo un comentario que interpreté como un insulto a mi inteligencia.

"Yo sé que parte del problema es que te han aconsejado mal", me dijo.

Claramente se refería a Raúl Mateu.

"No te equivoques. Raúl es mi agente y hace recomendaciones. Pero en el momento de la verdad quien decide soy yo. Tengo cabeza propia. No vayas a creer que alguien me está manipulando", respondí.

Le dije que prefería que la cadena no hiciera el anuncio de la miniserie de Selena y él aceptó. Al final de la llamada, prometió que en dos meses se sentaría conmigo para discutir la renovación de mi contrato y la compra de los derechos del libro.

Como todo un caballero, Ray cumplió con su palabra y exactamente ocho semanas después me llamó a su despacho. Estaba con el jefe de asuntos comerciales de la compañía y en cuestión de minutos repasaron los puntos generales de su propuesta.

Incluía un precio razonable por los derechos del libro, un

aumento salarial considerable y un impresionante bono de seis cifras. En general, la oferta excedía mis expectativas y finalmente sentí que valoraban mi trabajo.

Ray extendió su mano para entregarme el documento y yo extendí la mía para recibirlo, expresándole lo complacida que me sentía.

"Todo me parece bien. Sólo hay un par de detallitos que me gustaría incluir, pero Raúl puede discutirlos con ustedes después de que revise los papeles", le dije.

Ray se salió de sus casillas.

"Absolutamente, no", respondió levantando la voz. "Si él es parte de la negociación, ¡no hay trato y tampoco hay bono!"

Me arrebató el documento y lo guardó.

Yo insistí. Raúl era mi agente y quería que revisara mi contrato. Ray me recordó que mi contrato con William Morris había caducado. Por lo tanto, no tenía ninguna obligación legal con Raúl. Añadió que no le importaba si traía a otra persona a la mesa de negociaciones, siempre y cuando no fuera Raúl. Respondí que aunque mi contrato con la agencia había expirado, le había dado mi palabra a Raúl, y mi palabra era mi contrato.

No sé por qué Ray estaba en contra de que Raúl fuera parte

de la negociación. Tal vez todavía estaba molesto porque Raúl acababa de lograr un contrato jugoso para otra figura de Univisión. Tal vez quería asestarle un duro golpe para que no siguiera abriéndose paso en el mercado hispano en el que sólo un puñado de estrellas utilizaba agentes para negociar sus contratos. O tal vez, verdaderamente sentía que Raúl me estaba aconsejando mal y no quería perderme ni como talento de la compañía ni como amiga.

Fueran cuales fueran las razones, la situación se tornó muy tensa y el jefe de asuntos comerciales intervino. Me sugirió que tomara veinticuatro horas para reconsiderar la oferta.

Por respeto les dije que lo haría, pero lo cierto es que ni por un segundo consideré aceptar bajo esos términos. Bajo ninguna circunstancia le daría una puñalada por la espalda a Raúl, aunque hubiera una fortuna en juego.

En cuanto salí de la oficina, le escribí una nota a Ray, que no envié hasta el día siguiente.

Decía: *"Me siento halagada y agradecida por tu generosa oferta, pero no puedo aceptarla. Si lo hiciera, estaría faltando a mi palabra. ¿Qué diría eso de mí como persona y como profesional? Seguramente me perderías el respeto y la confianza. Mejor esperemos a que llegue el período oficial para renegociar mi contrato".*

Esa noche dormí tranquila porque estaba en paz conmigo misma. Había sido honesta con Ray y leal a Raúl. Ni por un segundo me arrepentí de haber renunciado al bono con tantos ceros.

Seis meses después, cuando llegó el momento de renegociar mi contrato, los ejecutivos de la cadena llamaron a Raúl directamente. Aunque negociamos de buena fe no pudimos llegar a un acuerdo, en gran parte porque la cadena quería mantener el control editorial del programa única y exclusivamente en manos de los productores. Para mí ese era un punto clave, aun más importante que el aumento de salario. No estaba dispuesta a quedarme si no tenía autoridad para mejorar el contenido del programa.

En marzo de 2002 salí por la puerta de Univisión por última vez. Quince minutos más tarde, cuando estaba en una gasolinera, sonó mi teléfono. Era Ray.

"Mari, ¿qué estás haciendo? Regresa ahora mismo y arreglemos las cosas. ¿Qué quieres? Tengo un cheque en blanco con tu nombre", me dijo.

No acababa de entender que mi decisión no tenía nada que ver con dinero. Pero a esas alturas no tenía sentido ponerme a discutir. Estaba decidida y por el respeto que siempre he sentido por él no quise darle falsas ilusiones.

Cuando le dije que no había marcha atrás, se enojó un poco. Debió haber pensado que me iba a ir a la cadena rival.

"Mari, tú eres una buena semilla, pero una buena semilla necesita la luz del sol para crecer", me dijo. "Univisión está en la parte del edificio donde da el sol y Telemundo en la sombra".

Sabía que la jardinería era uno de sus pasatiempos y, por suerte, yo también conozco un poco sobre las plantas.

"Gracias", le dije respetuosamente. "Pero debes recordar que hay ciertas plantas que florecen bajo la sombra".

Semanas más tarde firmé con Telemundo, que estaba en proceso de unirse a la poderosa cadena de televisión anglosajona NBC. En un tiempo record lancé mi propio programa, *Al Rojo Vivo con María Celeste*. Además de ser la presentadora, ahora también era la jefa editorial, una cláusula que Raúl se aseguró de incluir en mi contrato. *Al Rojo Vivo* entró a competir directamente con *Primer Impacto,* obligando a los productores de mi antiguo programa en Univisión a implementar los cambios que durante años yo les había sugerido.

De entrada, *Al Rojo Vivo* tuvo una gran acogida y recibimos una cobertura favorable por parte de la prensa. En uno de sus artículos, el diario *Los Angeles Times* me describió como: "la protagonista de un floreciente experimento entre dos cadenas de televisión decididas a conquistar al público en inglés y en español".

Floreciente. ¡Qué apropiado!

El día en que celebramos mi quinto aniversario en Telemundo, el presidente de la cadena, Don Browne, hizo una gran fiesta en mi honor a la que asistieron todos los ejecutivos, artistas y mis compañeros de trabajo. Raúl Mateu, mi amigo y agente, también estaba allí. Para la ocasión, yo me vestí con un traje amarillo vibrante. Quería que todos supieran que en Telemundo también brilla el sol.

22

SI QUIERES MANTENER ALGO SECRETO
NO SE LO CUENTES A NADIE,
NI A TU MAMÁ Y MUCHO MENOS
A LA MAMÁ DE OTRO

La primera vez que me enamoré fue en primer grado.

Se llamaba Juan Carlos Romaguera y provocaba en mí sentimientos imposibles de contener.

Era un niño bueno, aunque hubiese preferido que le hiciera menos caso a la niña que se sentaba a su lado y que me prestara más atención a mí. Claro, que ahora me doy cuenta de que probablemente su actitud tenía más que ver con la logística que con el amor.

Durante un receso de clases fui a beber agua de la fuente, cerca de la cual había varias señoras hablando. No sé por qué en ese preciso momento, sentí la necesidad de acercarme a una de ellas y confesarle esa verdad que me estaba quemando por dentro: "¡Estoy enamorada de Juan Carlos Romaguera!".

Por fin, alguien más conocía mi secreto. Pero me arrepentí de inmediato.

"Ay, Dios mío, ¡ese es mi hijo!", respondió la señora.

De todas las madres que había en la escuela, había escogido justamente a la de Juan Carlos Romaguera. ¡Casi me muero! Y pude haberme muerto, quién sabe, porque no recuerdo nada más de ese incidente, excepto que todas las mujeres se rieron. Seguramente les pareció que era la coincidencia más graciosa del mundo.

A mí no me hizo tanta gracia, especialmente después de que la mamá le hizo el cuento a Juan Carlos y él se puso más tímido todavía y empezó a evadirme. Eso me pasó por bocona.

Jamás he olvidado lo que aprendí ese día: si uno guarda un secreto importante, lo mejor es no abrir la boca.

Esa lección me vino muy bien más de tres décadas después.

En el 2002, decidí no renovar mi contrato con Univisión, la cadena para la que había trabajado por tantos años, y comencé a negociar con su rival, Telemundo.

Por razones estratégicas, nadie podía saber que estábamos considerando lanzar un nuevo programa que no sólo competiría directamente con mi antiguo show, sino que también reemplazaría el programa que Telemundo tenía en ese mismo horario. No queríamos alertar a Univisión para no darle tiempo a reaccionar y, además, queríamos asegurarnos de que la transición interna en Telemundo fuera lo menos complicada posible.

Mis reuniones clandestinas con los dos ejecutivos más importantes de Telemundo tenían lugar en mi casa y en habitaciones de hotel. Ya me imagino lo que la gente habrá dicho al verme hablando con ambos en voz baja y actuando con tanto misterio.

Para mantener la confidencialidad, los dos ejecutivos me dieron un nombre secreto: Diane. Ellos les decían a sus jefes de la cadena NBC que yo era la Diane Sawyer de la televisión hispana y que contratarme sería un gran acierto, equivalente a que NBC se llevara a esa famosa periodista de la cadena ABC.

Había tanto en juego, que durante todo el proceso no le dije nada a nadie. Ni siquiera a mi mamá. Temía que no pudiera contener su entusiasmo y le contara a sus amigas y que sus amigas les comentaran a otros. Si eso pasara todo estaría perdido.

Los ejecutivos de Telemundo estaban impresionados con lo discreta que yo era. Obviamente, no sabían el cuento de Juan Carlos Romaguera.

El plan funcionó. Nadie se enteró de nada hasta que nosotros decidimos que había llegado el momento. El 10 de abril de 2002 hicimos el anuncio oficial en un lujoso hotel de Miami, en un salón lleno de periodistas de todo Estados Unidos y Latinoamérica. El evento fue transmitido en vivo por Telemundo, y más tarde supe que en Univisión todo el mundo también estaba pegado al televisor. Algunos ejecutivos de esa cadena estaban horrorizados, preguntándose si tendrían suficiente tiempo para reorganizarse antes del lanzamiento de mi programa en dos semanas. Pero muchos de mis antiguos colegas se alegraron de la noticia. Estaban felices por mí y sabían que mi salto a Telemundo fomentaría la competencia, algo que beneficiaba a la industria en general.

A veces caemos en la tentación de compartir con los demás lo que guardamos celosamente en nuestro corazón. Pero es importante aprender cuándo es preferible callar. Guardar en secreto nuestros más íntimos sueños no garantiza que se harán realidad. Pero sin dudas, aumenta la posibilidad de que logren materializarse.

23

—∽∽∽—

EXTIÉNDELE UNA MANO
AUN A QUIEN NO FUE
BUENO CONTIGO

Aunque no ha sido fácil, siempre he tenido la capacidad de superar en poco tiempo las experiencias más dolorosas de mi vida.

Me imagino que por esa razón con el tiempo llegué a olvidarme por completo de Octavio, el jefe que me hizo la vida un infierno en mi primer trabajo como periodista en los Estados Unidos. Llevaba sólo tres meses al aire como presentadora del

Canal 41 en Nueva York, cuando él llegó a la estación y me sacó de mi puesto sin darme una oportunidad.

Años después, en una soleada mañana en Miami cuando estaba a punto de emprender una fantástica y nueva aventura, aquellos días grises en Nueva York parecían un recuerdo borroso.

Estaba tras bastidores en el salón de conferencias del Hotel Biltmore, donde los presidentes de NBC y Telemundo se preparaban para anunciar a la prensa una gran noticia: que yo había sido contratada como estrella y jefa editorial de una nueva revista noticiosa que llevaría mi nombre: *Al Rojo Vivo con María Celeste*.

Mi programa era el primer gran proyecto entre ambas cadenas desde que se había hecho público que la NBC estaba comprando a Telemundo. Sólo faltaba el visto bueno del gobierno de Estados Unidos para que se concretara la venta. Las expectativas eran enormes. Como parte de mi nuevo contrato, no sólo estaría trabajando en el mercado hispano sino también para programas de noticias de mucha envergadura en el mercado anglosajón como *Dateline* y el show matutino *Today*. Estaba hiperventilando de sólo pensar en la gran responsabilidad que tenía sobre mis hombros. Sentía la adrenalina corriéndome por las venas.

Había pasado tanto, en tan poco tiempo. Apenas unas semanas antes, era una de las figuras principales de Univisión, la cadena rival de Telemundo, y después de mi partida muchos se preguntaron cuál sería mi próxima movida. Hoy tendrían la respuesta que estaban esperando.

Escuché al presidente de NBC en el escenario explicando el gran logro que mi llegada representaba para Telemundo. Lo comparó con la victoria que obtuvo NBC al comprar los derechos exclusivos para transmitir los Juegos Olímpicos. La presión era enorme y cuando me llamó al escenario, tuve que respirar profundo.

Al subir a la tarima, quedé ciega con los flashes de las cámaras y sorda con los fuertes aplausos. El evento estaba siendo transmitido por televisión y el salón estaba repleto de reporteros. Vi a muchos de mis colegas que venían siguiendo mi carrera desde el principio. Todos estaban sonrientes y, por su actitud, sabía que estaban felices por mí. Eso me tranquilizó. Dije unas palabras de agradecimiento y hablé brevemente sobre mi nuevo programa. Uno de los periodistas me preguntó: "Te consideran la Katie Couric de la televisión hispana. Ella gana unos $16 millones al año. ¿Tu nuevo salario se compara?". Gracias a la experiencia que tengo haciendo entrevistas, sé muy bien cómo responder en estos casos. "Te voy a dar los parámetros: voy a pagar muchos más impuestos que antes, pero estaré ganando menos que Katie Couric", le dije bromeando. Otro quería saber qué podían esperar los televidentes de *Al Rojo Vivo con María Celeste* y le respondí con la pegajosa consigna que estábamos utilizando para promover el lanzamiento: "Espera lo inesperado".

Tras responder unas cuantas preguntas más, posé para las fotos con los ejecutivos de ambas cadenas. Estaba tan emocionada que les tomé las manos y las levanté en alto, en señal de victoria. La multitud enloqueció y los flashes también.

Me acerqué al borde de la tarima para saludar a los periodistas que querían felicitarme. En ese momento, lo vi entre el mar de reporteros. Era la última persona del planeta que esperaba encontrarme allí: Octavio.

En un instante, me vinieron a la mente de golpe infinidad de recuerdos de todas las veces que él me había despreciado, de las veces que me había humillado y me había tratado como si yo estuviera pintada en la pared.

Con una sonrisa extendió su mano y al inclinarme para saludarlo recordé las palabras proféticas que mi ex esposo Guillermo me dijo en la época de Octavio.

"Él va cuesta abajo, Mari. Y tú vas cuesta arriba".

Octavio ya no era director de noticias del Canal 41. Se

había mudado a Miami y trabajaba como editor de uno de esos suplementos que vienen con los periódicos, lo que definitivamente era un bajón en su carrera.

Tal vez estaba allí porque tenía que hacer un reportaje sobre el evento para su publicación o porque quería establecer una buena relación con Telemundo y apoyar la cadena en un día tan importante como este. Tal vez realmente se alegraba por mí.

Allí, frente a todos nuestros compañeros y ante las cámaras, pude haberlo ignorado. Pero eso ni se me ocurrió. No tenía deseo alguno de hacerlo sentir insignificante como él me había hecho sentir a mí.

"Felicidades", dijo.

"Gracias por venir", le respondí con una sonrisa.

Me alegro de no haberme rebajado a su nivel y de haberlo tratado con cortesía, en vez de pagarle con la misma moneda. Sé que si hubiera desperdiciado mi tiempo culpando a Octavio de mis desgracias y sintiendo lástima por mí misma, no hubiera podido enfocar todas mis energías en mis metas profesionales que me llevaron ese día hasta ese escenario.

Esa misma tarde, se confirmó que la compra de Telemundo por la NBC había sido aprobada. Ambas cadenas ahora formaban un coloso de las comunicaciones y en el medio de todo esto, me acababan de otorgar una oportunidad sin precedente. La noticia salió en los diarios de todo Estados Unidos. El titular del *Washington Post* decía: *"NBC, Telemundo se lleva a Arrarás de Univisión"*. La historia en la portada del *Miami Herald* decía: *"La FCC aprueba la venta de Telemundo a NBC por $2.700 millones —Telemundo contrata talento de su rival"*. Debajo del titular, había una foto en la que yo aparecía junto a los presidentes de Telemundo y NBC, todos con las manos en alto en señal de victoria.

Me imaginé a Octavio leyendo el artículo en alguna parte de la ciudad.

La vida ciertamente nunca deja de sorprendernos. Por algo escogí para mi programa la consigna: "Espera lo inesperado".

24

---⊗⊗⊗---

EL PREJUICIO PUEDE CEGARTE A LA REALIDAD DEL MUNDO

No hay nada que nos libere más que ver a las personas como realmente son, especialmente a aquellas que consideramos diferentes a nosotros, como alguien de diferente raza o nacionalidad, orientación sexual o religión, o alguien con diferentes habilidades físicas o mentales.

El prejuicio es una venda en los ojos que nos impide ver el mundo tal y como es. A veces nos grita con ira y rencor. Otras, nos susurra tiernamente palabras llenas de odio. Y en todas las

---

ocaciones estas rígidas ideas evitan que abramos los ojos a la realidad. Por eso debemos quitarnos esa venda. Es la única forma de liberarnos para extenderle la mano a otros, descubrir el mundo y descubrirnos a nosotros mismos.

Mi capacidad para sobreponerme a mis propios prejuicios fue puesta a prueba cuando estaba haciendo un reportaje sobre la última colonia de leprosos en los Estados Unidos continentales, localizada en Carville, Louisiana.

Tomé la idea de un artículo de revista que me intrigó mucho porque era un tema interesante del cual conocía muy poco. Hasta entonces, la sola mención de la palabra "lepra" traía a mi mente imágenes de lo que había visto en las películas y leído en la Biblia. A través de los siglos, los leprosos habían sido considerados "intocables", víctimas de una enfermedad incurable que les devoraba la piel hasta que sus dedos y extremidades se caían en pedazos, convirtiéndolos en monstruos desfigurados. El solo tocarlos, podía condenar a una persona por el resto de la vida.

Al comenzar a investigar, descubrí que la realidad era muy diferente. Para empezar, la lepra es la enfermedad menos contagiosa de todas las enfermedades infecciosas. Se transmite mayormente mediante el contacto cercano y prolongado con una persona infectada que no esté bajo tratamiento. Esa fue otra cosa que aprendí: hoy en día existe un tratamiento para la lepra. Inclusive la lepra ahora tiene un nombre diferente: la enfermedad de Hansen, que es el nombre del médico que identificó la bacteria que la causa. Gracias a sus descubrimientos, muchas personas infectadas ahora pueden tener una vida productiva en la sociedad.

Viajé al hospital y asilo en Carville, Louisiana, donde todavía vivían varios pacientes. Algunos de ellos llevaban décadas allí, después de haber sido diagnosticados y recluidos en contra de su voluntad por orden de la corte. Otros habían sido abandonados cuando eran niños porque sus propias familias tenían miedo de contagiarse. Aunque ahora tenían la libertad de marcharse, no tenían a dónde ir.

Mi camarógrafo y yo condujimos hasta la antigua plantación que estaba rodeada de árboles de magnolia y se me hizo difícil pensar que un lugar tan hermoso escondiera un pasado tan terrible.

Nos llevaron al muelle donde antes traían a los pacientes con grilletes en una barcaza, usualmente en medio de la noche. Algunos de los grilletes aún estaban allí, como un doloroso recordatorio de la manera en que las víctimas de esta enfermedad eran condenadas a una vida de aislamiento.

Entré a la mansión donde la mayoría de los pacientes vi-

vían y fui recibida por uno de los residentes, un anciano hispano que había sido designado como nuestro guía. Por un
segundo, vacilé. Aunque racionalmente sabía que no había
riesgo de contagio, los viejos mitos y temores sin fundamento
vinieron a mi mente. Le di la mano y noté que le faltaban las
puntas de varios dedos.

Como si estuviera leyéndome la mente, bromeó diciendo
que podía apretarle la mano con más fuerza pues no se le iba a
caer. De inmediato, me cayó bien.

Me contó su historia. Fue traído a Carville cuando tenía
catorce años y nunca mas volvió a salir de allí. Su familia
nunca vino a visitarlo. Esa experiencia traumática lo marcó
más que la misma enfermedad. "Me crié sin un beso ni un
abrazo. Por años, nadie me tocó", confesó.

Me llevó en un recorrido por el cementerio ubicado en la
propiedad. Ahí era donde los pacientes con los que se había
criado y a quienes había considerado su familia estaban sepul-
tados. "Aquí también terminaré yo", me dijo resignado.

Mi camarógrafo y yo almorzamos con él y el resto de los
residentes que estaban ansiosos de contarnos su historia. Todos
querían decirle al mundo cómo les habían robado su vida y
cómo a nadie le importaba. "Ya es demasiado tarde para mí",

me dijo una ancianita, añadiendo: "Estoy débil y no tengo un centavo".

Lo que concluí, fue que estaban asustados. Tenían miedo de descubrir que a pesar del paso del tiempo el mundo no hubiera cambiado y que la gente siguiera teniéndoles miedo.

Pasamos el día entero juntos y cuando llegó la hora de marcharnos, sentí pena en el corazón. Sabía que no recibirían otra visita en un buen tiempo.

Por ese motivo, esta vez no esperé por ellos y tomé la iniciativa. Me despedí de cada uno con un beso y un abrazo.

Cuando salí por el umbral de la puerta, yo era otra persona. Había dejado a un lado mis ideas preconcebidas y, gracias a eso, había conocido a fondo a estas personas tan maravillosas que me dieron una nueva perspectiva de la vida.

El reportaje que hice fue nominado a un premio Emmy, pero lo más importante fue que ayudó a liberarme de los grilletes de mi propio prejuicio.

25

—⊶⊷⊶—

CAMBIAR EL MUNDO PARA BIEN ES UNA RECOMPENSA DE POR SÍ

Nunca le he dado mucha importancia a los premios.

A través de mi carrera he recibido más reconocimientos de los que recuerdo y he sido invitada a más banquetes de los que puedo contar. Pero lo más curioso es que a menudo los premios en sí poco tienen que ver con los verdaderos logros.

Es verdad que tengo un *Emmy* que ocupa un lugar especial en mi hogar. Pero hay dos premios que tienen un lugar en mi corazón porque más allá del prestigio y el glamour, me inspiran a seguir luchando contra las injusticias de este mundo.

Recuerdo que estaba viendo televisión en mi casa una tarde en 1994 cuando una ceremonia de premiación en el canal *Discovery* llamó mi atención. Se trataba de los premios Génesis, otorgados por una organización llamada el Ark Trust Fund que reconoce a los medios de comunicación que hacen denuncias contra el abuso de animales. Entre los galardonados, había grandes estrellas de la televisión anglosajona y renombrados periodistas de Estados Unidos y Gran Bretaña. Pero ni un solo hispano.

Mi esposo Manny entró a la habitación cuando estaban rodando los créditos. Le conté brevemente acerca de los reportajes premiados que acababa de ver y le dije con convicción: "El año que viene, yo voy a estar sobre ese escenario recibiendo un premio de esos".

Me sentí horrorizada por los abusos que habían sido denunciados esa noche y eso me motivó a buscar reportajes que fueran merecedores de tan grande honor. Al poco tiempo, el proyecto que estaba buscando literalmente cayó en mis manos.

Recibí la carta de un televidente que fue testigo de algo horrible en una charreada mexicana a la que había asistido con toda su familia. Durante el evento, vieron cómo un jinete a caballo perseguía a una vaquita por todo el ruedo. Cuando la agarró por la cola para detenerla, terminó arrancándosela de un jalón. La vaquita ensangrentada acabó retorciéndose de dolor frente al público. El televidente contó que sus hijos habían quedado traumatizados y quería que yo investigara esta práctica que se conoce como "coleada".

Empecé a buscar información y descubrí que lo que él vio no era un incidente aislado en el mundo de las charreadas y los rodeos estadounidenses. Decidí hacer un reportaje pero no sin antes consultarlo con mis colegas, ya que nuestra audiencia en *Primer Impacto* era mayormente mexicana y las charreadas son parte de su tradición cultural. Nuestro propósito no era ofender al público sino exponer el tema con seriedad y objetividad. Era una situación delicada, por lo tanto buscamos la opinión de expertos en México que se habían dedicado por años a denunciar estas prácticas.

Pasamos semanas investigando y descubrimos que a menudo los caballos también resultan trágicamente lesionados en los rodeos y las charreadas. Particularmente en un evento donde los participantes demuestran sus habilidades con la soga, enlazando las patas delanteras de una yegua, lo que hace que el animal caiga de bruces y a menudo se fracture ambas patas.

Después de obtener videos, con imágenes muy fuertes grabados con una cámara escondida, que documentaban la crueldad tanto en el ruedo como en las caballerizas, transmitimos una serie especial llamada "En el Nombre de la Tradición". La respuesta del público fue asombrosa. En vez de atacar el programa, miles de televidentes escribieron y llamaron para decirnos que les habíamos abierto los ojos.

Poco después, recibí una llamada de uno de los directores del Ark Trust Fund.

En cuestión de semanas, viajé a Los Ángeles para recibir un premio Génesis. Cuando me entregaron el galardón, miré a Manny que estaba sentado entre el público y me guiñó un ojo. Hacía exactamente un año que había visto la entrega de premios por televisión.

La inscripción en la placa decía: *"A María Celeste Arrarás por su innovador, valiente y contundente reportaje que denuncia los abusos de los animales en los espectáculos".* Ese reconocimiento me sirvió de incentivo y me hizo descubrir que había otras personas que compartían mi compromiso por defender a los animales.

Una de esas personas se sentaba frente a mí en la redacción de *Primer Impacto*. Irma Negroni, la jefa de redactores del programa y amiga de confianza, me comentó algo que acababa de leer en un diario de Puerto Rico. En la isla había gran consternación por el trato que recibían siete osos polares de un circo ambulante. Los encargados del circo los mantenían encerrados en jaulas a la orilla de la carretera bajo el candente sol del trópico y, a medida que pasaban los días, la salud de los osos se iba deteriorando. Apenas podían sostener la cabeza en alto y hacían un gran esfuerzo por respirar. El calor los había hecho perder una tercera parte de su grasa corporal y de su pelaje.

Decidimos que teníamos que hacer algo y preparamos un reportaje sobre la situación de los osos polares en Puerto Rico. Después de que transmitimos la historia en el programa a través de Estados Unidos y Latinoamérica, medios de prensa del mundo entero le dieron seguimiento. Lo que había comenzado como una noticia local, se transformó en una controversia internacional, como supusimos que sucedería.

Varios reporteros de la isla me llamaron para entrevistarme, ansiosos de saber mi opinión. Hablé como periodista y como puertorriqueña para denunciar la situación e hice un llamado contra el circo. La censura pública crecía a medida que los osos se debilitaban. Las autoridades federales intervinieron y después de completar su investigación, confiscaron los osos. Desafortunadamente, fue demasiado tarde para uno de los animales que murió camino a su nuevo hogar en un santuario de los Estados Unidos.

El incidente puso en evidencia que para evitar que la historia se repitiera, se necesitaban leyes más firmes que prohibieran la entrada de circos con animales a la isla. Llamé personalmente al presidente de la Cámara de Representantes de Puerto Rico, que accedió a redactar una propuesta que sería sometida al Congreso. Luego, me comuniqué con el presidente del Senado, conseguí los teléfonos de cada uno de los congresistas y los llamé a su celular para pedir que apoyaran el proyecto de ley. Cuando se realizaron las audiencias públicas, viajé a San Juan para rendir testimonio ante el Congreso.

Al llegar al Capitolio, vi que había cámaras de televisión por todas partes. En mi discurso ante los congresistas, expuse la odisea que sufren los animales desde que son capturados en su hábitat hasta que se presentan frente al público como parte de un espectáculo. "Ningún animal salvaje nace para el circo", expliqué. "Un tigre salta por un aro en llamas sólo porque le teme más al látigo del domador que al fuego".

Para respaldar mis palabras, mostré imágenes de los osos polares que se encontraban en Puerto Rico. Estaban en los huesos y tan desesperados por el calor, que se daban golpes contra las jaulas.

También mostré un video sobre la captura de un elefante en África. Al ser atrapado con redes, el animal se violentaba intentando escapar y para someterlo, unos treinta hombres le pegaban con palos que tenían un clavo en la punta. Cuando el elefante ya no podía luchar más, le amarraban las cuatro patas y lo dejaban sin comer ni beber por varios días para que aprendiera a doblegarse. Una vez que llegaba al circo, comenzaba la segunda ronda de torturas. Cuando no obedecía, su domador lo castigaba clavándole un garfio en la piel y dándole descargas eléctricas.

Cuando terminé mi presentación, hubo un silencio y me di cuenta de que varios legisladores tenían los ojos llorosos.

Desafortunadamente, tan pronto los grandes circos de Estados Unidos se enteraron de que esta iniciativa en Puerto Rico estaba despegando, enviaron a sus cabilderos a San Juan. No querían que bajo ninguna circunstancia la propuesta se convirtiera en ley porque estaría sentando un serio precedente que les afectaría duramente el bolsillo. De manera que el proyecto de ley nunca llegó al Congreso en pleno para votación. No quiero ni pensar qué habrán hecho los cabilderos de los poderosos circos para convencer a los legisladores de que engavetaran la propuesta.

Aunque no logré mi cometido, la organización PETA, que

lucha mundialmente por el trato ético de los animales, reconoció mi esfuerzo otorgándome su premio humanitario del 2001.

Invité a Irma, que había sido mi mano derecha en esta iniciativa, para que me acompañara al banquete de premiación en el hotel Waldorf Astoria de Nueva York. Fue una experiencia única. En la alfombra roja, conocimos al ex Beatle Paul McCartney, a Pamela Anderson, estrella de *Guardianes de la Bahía*, a Charlize Theron, que poco después recibió el premio Oscar como mejor actriz, y también a Chrissie Hynde, la vocalista de la banda de rock *The Pretenders*. Todos ellos estaban involucrados en diferentes campañas de PETA.

Entramos al salón y nos sentamos a la mesa. Mientras esperaba el momento en que me entregarían el premio, Irma me mostró el panfleto con el programa de la noche, contenía la biografía de cada uno de los premiados e información sobre los diferentes proyectos de PETA. Casi me caigo de la silla cuando en una de las páginas vi que PETA había lanzado una nueva campaña contra una compañía que acababa de contratarme como portavoz para su producto. Para mí fue una sorpresa porque desconocía que esa compañía estuviese involucrada en el maltrato de animales. Cuando llamaron mi nombre para que subiera al escenario, lo único que podía pensar era: Y ahora, ¿qué hago?

Cuando leí la inscripción en la placa negra adornada con una paloma blanca, encontré la respuesta. "Por tu sincera dedicación a la educación del público sobre el abuso de animales", decía. Si de verdad era sincera y dedicada, sabía lo que tenía que hacer.

Esa noche, llamé a mi agente y le pedí que cancelara el contrato de endoso.

Hay cosas en esta vida más importantes que el dinero. Una de ellas, es ser la voz de los débiles y de los que no pueden hablar por sí mismos. Debemos denunciar las injusticias siempre que podamos sin esperar nada a cambio. Quién sabe, al final es posible que terminemos siendo premiados con algo más que una gran satisfacción.

26

~~~~~~~~~

EL RESENTIMIENTO ES UN ANCLA PESADA QUE PUEDE HUNDIRTE

Cuando alguien deja de amarnos, lo más difícil es aceptarlo y seguir adelante. Es una de esas cosas en la vida que uno quisiera cambiar, pero no puede. Lo que sí podemos cambiar es la manera de ver las cosas y, usualmente, con eso es suficiente.

A mi madre le tomó más de diez años hacer las paces con la otra mujer. La mujer a quien culpaba por el fin de su matrimonio y con quien mi padre se casó tres meses después de su divorcio. Nos enteramos de la boda por el periódico. Estábamos desayunando cuando vimos la noticia en primera plana: la nueva Sra. Arrarás, vestida de blanco. Mi padre se había postulado para alcalde de San Juan, así que su boda era un acontecimiento.

No recuerdo cómo reaccionó mi mamá, pero recuerdo cómo me sentí: como si se me hubiera acabado el mundo. Todos los niños sueñan con ver a sus padres juntos para siempre y, en ese momento, comprendí que una reconciliación ya no era posible. Tenía once años.

Lo peor de todo es que ni siquiera podía desahogarme con mi papá. Hacía semanas que no le hablaba pues estaba muy molesta con su decisión de dejar a mi mamá para irse con otra. Quería que supiera que yo estaba sufriendo.

Aunque era muy apegada a él, estuve siempre del lado de mi mamá. ¿Cómo no hacerlo? Además de castigar a papi con mi silencio, me dediqué a hacerle la vida imposible a mi nueva madrastra. Esa era mi misión. Al principio, ni miraba a Luissette y, mucho menos, la llamaba por su nombre. Durante casi dos años cuando tenía que dirigirme a ella sólo decía: "¡Oye, tú!". Cuando los visitaba, le llevaba la contraria en todo. Si ella decía que sí, yo decía que no. Mi mamá no podía estar más orgullosa de mí.

Luego las cosas cambiaron. Mami se volvió a casar y cuando su esposo aceptó una oferta de trabajo en New Jersey, se mudaron. Como mi hermana y yo estábamos a mitad del año escolar, se decidió que permaneceríamos en Puerto Rico con nuestro papá. Aun cuando me costó admitirlo, descubrí que había cosas que me agradaban de "¡Oye, tú!". Era amable y paciente conmigo a pesar de mi insolencia. Empecé a darme cuenta de que me soportaba porque verdaderamente amaba a mi papá y no intentó ocupar el lugar de mi madre. Con eso, me ganó.

Mi madre se cegó por los celos. No sólo había perdido el amor de mi papá, ahora sentía que Luissette también le estaba robando el mío. Por eso cuando la llamaba a New Jersey y hacía un comentario positivo sobre mi madrastra o mis nuevos hermanos, ella se enfurecía conmigo. Su temor de perderme continuó durante varios años.

A pesar de que mi mamá viajaba con frecuencia a la isla para vernos, cuando lo hacía evitaba a Luissette como a una plaga. Yo me ponía ansiosa de tan solo pensar que ellas se encontraran. Mi mamá llegó al extremo de negarse a asistir a eventos importantes de mi vida, incluyendo mi boda, sólo porque Luissette iba a estar allí. No se daba cuenta de que su actitud me estaba alejando de ella y acercándome más a mi madrastra. Mami se convirtió en su peor enemiga. Ella lo sabía, pero estaba atrapada por su incapacidad de perdonar.

Por otro lado, Luissette intentó la reconciliación. Después de los primeros y turbulentos años, intentó acercarse a mi mamá. "Astrid, no te molestes con ella. Yo sé que Mari te quiere muchísimo. Aprovecha los momentos que tienen juntas", le decía.

Al principio, debe de haber sido difícil para mi mamá escuchar los consejos de Luissette y aceptar que yo había llegado a quererla como a una segunda madre. Le tomó muchos años, pero, con el tiempo, lo aceptó y ella y mi madrastra se hicieron grandes amigas.

Pensé mucho en ellas cuando mi segundo esposo, Manny, me dejó.

Descubrí que había estado teniendo una relación extramarital gracias a mi querida amiga y ex compañera de *Primer Impacto*, Myrka Dellanos. Una tarde, ella me llevó a la oficina que compartíamos y me dijo que tenía algo muy doloroso que contarme. Por su expresión, pensé en lo peor: que algo le había pasado a mis hijos, así que se lo pregunté.

"No", respondió.

La noche anterior había estado en un club tomando una copa con su esposo cuando una joven la reconoció de la televisión y se acercó a ella. La desconocida se presentó, diciendo que le encantaba nuestro programa y que yo le caía muy bien. Entonces, soltó la bomba.

"Siento lástima por María Celeste porque yo trabajo con la novia de su esposo y él viene a visitarla a cada rato", le dijo a Myrka. "Hasta la llevó a Chicago no hace mucho".

Así fue como Myrka supo que no se trataba de un simple chisme malicioso.

Unas semanas antes, le había confiado que me sentía muy molesta porque Manny se había ido a Chicago para un viaje de negocios, a pesar de que Miami estaba bajo amenaza de huracán y yo me sentía muy preocupada al tener que quedarme en la casa sola con nuestros tres hijos pequeños, dos de los cuales aún estaban en pañales.

Cuando Myrka me lo contó, las piezas del rompecabezas cayeron en su lugar. Entendí por qué Manny había estado llegando a casa tan tarde en la noche, por qué a menudo apagaba su teléfono celular y por qué parecía tan distante.

No tuve cabeza ni para expresarle mi gratitud a Myrka por haberme abierto los ojos. Le dije a la productora a cargo que tenía una emergencia y me fui. La "informante" le había dado a Myrka su número de teléfono y yo la llamé desde mi auto. Me dijo todo lo que sabía y más de lo que yo quería saber.

Llegué a la oficina de mi esposo y lo llamé desde el auto para que supiera que estaba abajo esperándolo. Faltaban cinco minutos para el inicio de mi programa por lo que él se imaginó que algo andaba muy mal.

"Mari, ¿hay algún problema?", preguntó.

"Sí, y tiene nombre: Selene".

Hubo un largo silencio.

"Ahora mismo bajo", me dijo.

Condujimos por varias cuadras y nos estacionamos en un lote baldío, donde admitió que había sido infiel. Dijo que la había conocido en el gimnasio y que había estado saliendo con ella por los últimos cinco meses. Dijo que se sentía aliviado de que yo me hubiera enterado porque estaba cansado de tener una doble vida y porque hacía tiempo que quería ponerle fin a la relación, pero no sabía cómo. Le pregunté si la amaba y me dijo que sólo me amaba a mí.

Le creí y lo perdoné porque yo también lo quería.

Pero nunca tuvimos oportunidad de arreglar las cosas, pues él nunca fue completamente honesto conmigo. En realidad su relación con Selene había comenzado poco después de que yo saliera embarazada de nuestra hija Lara, hacía ya más de un año y medio. Tal vez por eso Selene no estuvo dispuesta a dejarlo ir tan fácilmente. Después de que él dio por terminada la relación, ella insistió y él volvió a caer.

Cuando comencé a sospechar que Selene todavía estaba en el panorama, hice lo que muchas mujeres hacen: peleé con mi esposo. Lo único que logré con esto fue empujarlo a los brazos de ella y, en el proceso, se enamoraron.

Después de intentar durante meses de salvar nuestra relación, me dejó dos días después de la Navidad en diciembre de 2002. Sentí que lo había perdido todo y por varios meses estuve devastada. Luego, durante nuestro amargo divorcio me sentí furiosa y resentida. Al principio, actué de la misma manera que cuando era una niña y no quería que mi padre se fuera con Luissette: me resistí. Pero algo que aprendí del divorcio de mis padres fue que mi única opción era aceptar lo inevitable. Nada que yo hiciera iba a cambiar el desenlace.

El día en que Manny se iba a casar, invité a una amiga a la casa. Hablamos de cómo sería mi vida de ahora en adelante y de cómo había sido cuando era una niña. Pensé en mi madre y en cómo nuestra relación se había afectado por aferrarse a su resentimiento. ¿Sería yo también partícipe de una guerra en la que el único soldado era yo?

Pensé en mis hijos, que iban a preguntarse cómo debían tratar a la nueva esposa de su papá, y me di cuenta que iban a seguir mis pautas, así como yo lo hice con mi mamá. Saqué el teléfono de mi bolso y le envié a mi ex esposo un breve mensaje de texto.

"Felicidades en tu boda", escribí. "Espero que seas feliz. Estoy segura de que si has tomado esta decisión es porque es la correcta".

Unos minutos más tarde, él me respondió.

"Gracias, Mari", decía su mensaje de texto. "Sé que lo dices con sinceridad".

Un mes después de que Manny y Selene se casaran, la familia de mi ex esposo, que fue mi familia durante una década y lo sigue siendo, celebró la cena de Nochebuena y nos invitaron a todos. Jugamos dominós, hablamos, bromeamos y comimos en la misma mesa. Al mes siguiente, cuando nuestra hija cumplió años, los invité a la casa para celebrar. Su esposa tomó varias fotos de mis hijos y todos estábamos sonrientes.

Eso era lo que yo quería y quiero para mis hijos. Lo que pasó entre su papá y yo no debe afectarlos a ellos. Sé que si hubiera seguido con la guerra, mis hijos hubieran sufrido y yo habría sufrido más que nadie. Manny y Selene hubieran seguido viviendo felizmente y yo me hubiera quedado presa de la amargura. Así que decidí darme una oportunidad para vivir y quise que mis hijos lo supieran.

Tiempo después, Selene y yo tuvimos la oportunidad de hablar sobre la tumultuosa odisea que nos tocó vivir. Ella me dejó hablar sin interrupción y el haberme podido desahogar me ayudó a terminar de sepultar el pasado. Creo que a ella también le ayudó el haberme escuchado pues logró entender el dolor que me causó. Gracias a todo eso, hoy nos llevamos muy bien.

Al principio me pregunté qué pensaría mi mamá de mi reconciliación con Selene. Mi mamá, quien por tanto tiempo dedicó tanta energía a resistir las curvas que la vida le lanzó. Un día, tomándonos un café me dio la repuesta: "Estoy tan orgullosa de ti, Mari. Quisiera haber podido sobreponerme mucho antes, como tú, y no después".

Sólo cuando comencé a trazar un nuevo rumbo, fui capaz de aceptar la turbulenta corriente contra la cual luché con tanto ahínco. Finalmente, aprendí a dejarme llevar por la corriente. El resentimiento es un ancla que nos hunde y nos impide movernos. Hay que soltar esa carga para poder liberarnos.

27

─∞─

NADA DUELE MÁS QUE EL LÁTIGO DE LA INDIFERENCIA

No hay duda de que cuando verdaderamente queremos algo podemos ser implacables. Pero, a veces, tratar demasiado puede tener el efecto opuesto: mientras más luchamos por lo que queremos, más difícil es de alcanzar.

Cuando dejamos que las cosas sigan su curso, a menudo se resuelven por sí solas.

Eso lo aprendí cuando me tocó debutar en sociedad.

La idea de celebrar mis quince años no me interesaba

mucho. Pensaba que era una tradición pasada de moda, cursi y ridícula. Además, estaba el asunto de encontrar una pareja. Estudiaba en un colegio de niñas en Puerto Rico, así que no había ninguna posibilidad de invitar casualmente a un chico de la escuela y pedirle que fuera mi compañero. Iba a tener que hacer una llamada telefónica.

Después de que mi madrastra Luissette trató de convencerme por varios meses, finalmente me rendí y accedí a participar en el baile para quinceañeras que el Caparra Country Club estaba celebrando para todas las jovencitas ese año. Poco después de aceptar, descubrí que la tortura venía en una dosis doble. Además de la fiesta, habría un baile de confirmación donde anunciarían a las debutantes de ese año; era como un baile antes de baile. ¡Ahora iba a necesitar a *dos* parejas! Eso significaba dos espantosas llamadas telefónicas y la posibilidad de ser rechazada dos veces, por lo menos.

Mientras Luisette se pasaba el día pensando qué yo me iba a poner para ambas ocasiones, yo pasaba noches interminables pensando a quién iba invitar para que me acompañara al baile de confirmación. Cuando por fin me decidí por un chico en particular, no encontré el valor para llamarlo yo misma. Le pedí a una buena amiga que lo llamara por teléfono y se hiciera pasar por mí. Fue una tontería pensar que él le fuese a creer que era yo, pues mi voz siempre ha sido profunda y particular, pero no me importó. Cualquier cosa era mejor que tener que enfrentar mis propias inseguridades de la adolescencia y el temor al rechazo. Me alegro de no haber hecho esa llamada porque resultó que el muchacho ya tenía con quien ir.

Así que fui sola a mi baile de confirmación. Me puse mi primer vestido de diseñador, un traje sin mangas de chifón gris con un bello lazo de satín color durazno en la cintura. En la fiesta, la pasé muy bien con mi amigo Celestino Arias. Él y su novia se habían dejado hacía poco y por eso también había ido solo a la fiesta. Hicimos bromas de que éramos tocayos, Celestino y Celeste, y bailamos la noche entera. Esa noche, hubo química entre nosotros y, para mi sorpresa, *él* me preguntó a *mí* si podía ser mi pareja para el baile de las quinceañeras.

Qué alivio, pensé. Por fin tengo con quién bailar el vals.

Por primera vez, me sentí entusiasmada con el evento. Los próximos días los pasé preparándolo todo. Hasta fui gustosa donde la costurera para que me entallara el vestido. Celestino y yo discutimos todo en detalle, hasta el color del *corsage* que yo iba a llevar.

Entonces, vino el plantón.

Dos días antes de la fiesta, me llamó para decirme que se

había reconciliado con su novia y tenía que cancelar los planes conmigo.

Sentí pánico.

Tenía cuarenta y ocho horas para encontrar un nuevo acompañante. Mis amigas más cercanas se compadecieron de mí y movilizaron a todos sus contactos para buscarme una cita a ciegas, que resultó ser la peor cita del mundo.

El chico y yo nos conocimos la noche de la fiesta y no hubo chispas ni de su parte ni de la mía. Le entregué los boletos, que habían costado cerca de $150 cada uno, y en cuanto entramos por la puerta cada cual cogió para su lado. Nunca le hablé más ni lo vi más durante el resto de la noche. Hasta el sol de hoy, no recuerdo su nombre. Sólo me acuerdo de Celestino y su novia en la pista de baile, muy pegaditos. Ella me dio una de esas miradas como si dijera: "Es mío y no tuyo". Poco después, me fui.

Más tarde supe que cuando la novia de Celestino se enteró de que él y yo habíamos estado juntos en el baile de confirmación, sintió un renovado interés por él. Pasó las siguientes dos semanas coqueteándole e ignorándolo cuando se topaban el uno con el otro. Y eso funcionó como un hechizo.

El año siguiente, Celestino reapareció en mi vida. Faltaban

dos meses para que se graduara de secundaria y ya no estaba con su novia. Me pidió que lo acompañara a un baile en honor a los graduados de secundaria. Como no sentía nada romántico por él y habíamos sido buenos amigos antes del fiasco del baile para quinceañeras, acepté.

Un viernes en la noche, yo acababa de regresar a mi casa después de salir con mis amigas cuando sonó el teléfono. Era Celestino y estaba frenético.

Resulta que el baile de los graduados era esa misma noche. A mí se me había olvidado por completo. Él había pasado por mi casa dos veces para recogerme y no me había encontrado.

"¡Te he estado buscando por todas partes! ¿Qué le llamas tú a dejarme plantado de esa forma?", me dijo.

Pensé por un momento.

"Le llamo ojo por ojo", respondí.

Guardó silencio por un rato y luego dijo lo único que podía:

"*Touché*".

De inmediato le confesé que en realidad la venganza era lo último que tenía en mente y que simplemente se me había olvidado que tenía planes con él y ambos rompimos a reírnos.

Tal vez fue mi sinceridad o tal vez mi indiferencia, pero él volvió a interesarse en mí y me invitó a salir un par de veces más. Pero para entonces, yo lo veía tan solo como un amigo y así nos quedamos.

A los seres humanos nos encantan los retos. La realidad es que a menudo valoramos más lo que se nos escapó y, en el proceso, podemos perder a alguien valioso.

Años más tarde, cuando mi hijo Adrián se enamoró por primera vez a los ocho años, pensé en Celestino. A Adrián le gustaba una compañerita de clases que lo ignoraba y se sentía despechado. Me pidió un consejo y le dije: "Ignórala a ella tú también".

Por dos semanas, siguió mis instrucciones al pie de la letra hasta que regresó sonriente para informarme: "Ahora creo que yo le gusto también".

Recordé algo que mi abuela paterna solía decirme: "Nada es más duro que el látigo de la indiferencia".

Siempre funciona como un hechizo.

28

⊸∞∞⊸

NO PERMITAS QUE UNA
MALA EXPERIENCIA TE HAGA PERDER
LA FE EN LOS DEMÁS

A través de la vida, nos toca enfrentar una triste realidad: que algunas de las personas a quienes queremos y en quienes confiamos, tarde o temprano nos van a fallar. No hay nada que podamos hacer para evitarlo ni para hacer que nos duela menos. Cada vez que suceda vamos a sufrir.

Lo que no podemos permitir es que estas desafortunadas traiciones nos roben la capacidad de abrir nuestro corazón y creer en los demás.

Una de las más inesperadas decepciones de mi vida me la llevé a causa de una chica a la que llamaré Nadia Gómez. Prefiero no llamarla por su verdadero nombre porque a pesar de todo lo que me hizo no quiero perjudicarla ni a ella ni a su familia.

Nos conocimos una tarde de octubre de 1997 en una tienda Babies R US de Miami. Yo estaba embarazada de seis meses de mi hijo Julián y ella, que también iba a tener un bebé, se encontraba detrás de mí en la fila esperando para pagar. Me dijo que me reconocía del programa *Primer Impacto* y hablamos brevemente sobre nuestros embarazos y de su trabajo. Me pareció tan simpática y extrovertida que de inmediato me cayó bien.

Nadia me contó que trabajaba como asistente del beisbolista Alex Fernández, el lanzador estrella de los Marlins de la Florida, quien unos meses atrás había sido instrumental para que su equipo obtuviera la victoria en la Serie Mundial. Ella se ocupaba de coordinar todos sus asuntos personales y de ser su enlace con la prensa. Se encargaba de su agenda y hasta de pagar sus cuentas. Pensé que debía ser muy eficiente y que me encantaría tener una persona como ella trabajando para mí.

Me despedí y no volví a saber de ella.

Hasta que cuatro años más tarde me llamó por teléfono.

Al principio no reconocí ni su voz ni su nombre, pero cuando me recordó que nos habíamos conocido brevemente en la tienda para bebés, de inmediato recordé a Nadia Gómez. Me comentó que había leído en el *Miami Herald* que yo estaba negociando mi contrato con Univisión y quería desearme suerte. "Si por casualidad puedes contratar a una asistente como parte de tu nuevo contrato, por favor, considérame", me dijo. "Estaría muy interesada en el puesto".

¡Qué increíble coincidencia!, pensé. Una de las cosas que quería incluir en el nuevo contrato era una cláusula que me permitiera tener una asistente.

Tres meses después, me marché de Univisión al no llegar a un acuerdo con la compañía y cuando me uní a Telemundo, le pedí a Nadia que nos encontráramos para entrevistarla. Desde el primer instante, hubo tanta química entre nosotras que la contraté inmediatamente.

Nadia empezó a trabajar conmigo antes del lanzamiento de mi nuevo programa *Al Rojo Vivo con María Celeste*. Estuvo a mi lado desde el primer día, apoyándome incondicionalmente. Era mis ojos y mis oídos, y me mantenía al tanto de lo que pasaba en la redacción cuando yo no estaba. No me cabía duda de que ella siempre protegería mis intereses.

En un principio, me tocó trabajar hasta catorce horas al día en mi nuevo programa. Aunque estaba agobiada, sabía que al menos podía contar con Nadia. Ella estaba a cargo de mi itinerario y de coordinar todas mis actividades para que yo pudiera concentrarme en el show. Antes de que yo le pidiera algo, ya ella lo había resuelto, como si me leyera la mente. Por eso comencé a darle más responsabilidades.

Cuando mi segundo esposo Manny se fue de la casa en diciembre de 2002, me sentí devastada, pero no falté al trabajo ni un solo día. Hice un gran esfuerzo para seguir adelante y no quedarme en casa deprimida. En esos días tan pronto llegaba al canal, me encerraba a trabajar en mi oficina para que nadie pudiera ver mi cara de angustia. Nadia era la única que entraba y salía sin invitación. Actuaba como una barrera entre el mundo exterior y yo.

Estaba pasando por un momento tan difícil que no tenía ánimo para lidiar con cosas cotidianas ni la concentración para estar al tanto de mis finanzas. Para colmo, mis cuentas personales llegaban a la oficina de Manny. Dadas las circunstancias, Nadia se ofreció a recogerlas regularmente. Qué gesto tan amable, pensé. Cuando comenzó a preparar los pagos para mi firma también fue un gran alivio. Ella estaba a mi lado, quitándome preocupaciones de encima para que yo encontrara un balance entre mi nueva vida, mi trabajo y mis hijos.

Nadia tenía detalles increíbles. Cuando se me perdió el teléfono celular en la mañana antes de un viaje, ella consiguió un reemplazo en cuestión de horas y me lo hizo llegar justo a tiempo para el vuelo. Ya yo estaba en el avión cuando sonó y vi quién me llamaba: Nadia Gómez. Había tenido la iniciativa de programar el celular con sus números telefónicos. Cuando le di las gracias, respondió: "Mi número es el único que necesitas saber. Yo me encargo de todas tus cosas".

Y así lo hacía. Si yo necesitaba ropa para el show, ella buscaba diferentes atuendos en la Internet e imprimía los que pensaba iban a ser de mi gusto. Yo bromeaba diciéndole que era una compradora cibernética profesional porque hacía todas sus compras por computadora.

Cuando surgía un problema, Nadia siempre lo resolvía. Me dijo que el salón de belleza que yo frecuentaba había dejado de aceptar tarjetas de crédito, así que antes de mis citas preparaba un cheque para que yo firmara, que incluía la propina y los impuestos calculados hasta el último centavo. De esta manera, yo no tenía que perder mi tiempo con la cajera. Sólo tenía que entregarle el cheque.

Nadia se convirtió en mi confidente en ese momento en que me sentía tan vulnerable. Compartía con ella cada doloroso detalle de mi divorcio y le pedía consejos. Lo que más necesitaba, era alguien con quien hablar. Nadia llenó ese vacío.

Nos hicimos tan íntimas amigas que en las primeras navidades después de mi separación, Nadia y su esposo me invitaron a pasar el fin de semana con ellos en Nueva York. Aunque no pude viajar, aprecié la invitación. Para mi cumpleaños, siempre me enviaban flores y después de una visita a Disney World regresaron llenos de regalitos para mis hijos. Me hacían sentir como si fuera parte de la familia.

Por eso me alegré tanto cuando su esposo abrió una tienda de mascotas y, al parecer, les fue bien desde el principio. Pudieron cambiar sus autos por unos más lujosos y Nadia comenzó a comprar ropa y prendas finas. Ella estaba al tanto de lo último en la moda y conocía a todos los diseñadores. Recuerdo que una vez en el día de San Valentín recibí un collar con un corazón en oro y diamantes y ella de inmediato me informó que era una prenda de Chopard. "Es carísima", me dijo.

Me complació ver que Nadia estaba modernizando su imagen. Cuando se puso extensiones en el pelo, se cortó el cabello como yo y se lo pintó del mismo tono rojizo que el mío, una de mis amigas me comentó que Nadia se había convertido en mi clon. Pero yo no le veía nada de malo. Pensaba que Nadia quería imitarme porque me admiraba. Y me sentí halagada.

En el invierno de 2004, mi divorcio casi estaba finalizado

y me sentía lista para tomar nuevamente el control de mis finanzas, las cuales había descuidado. Le pedí a Nadia que hiciera cita con mi contador y con mi asesora financiera para revisar mis cuentas. También le pedí que llamara a todas las compañías de tarjetas de crédito para que dejaran de enviar los estados de cuenta a la oficina de Manny y me los enviaran a mi casa. Recuerdo que Nadia se frustraba cuando no lograba ejecutar inmediatamente lo que yo le pedía. "¿Me puedes creer que las compañías de tarjetas de crédito se tardan tres meses en procesar un simple cambio de dirección?", me decía. Ella tomaba como una ofensa personal que la gente cancelara sus citas a último momento, como estaban haciendo con frecuencia mi contable y mi asesora. Si no era uno, era el otro. Gracias a Dios que Nadia tenía todo bajo control.

Como parte de su transformación, Nadia se sometió a una cirugía plástica en febrero de 2005 y se tomó dos semanas libres. Aproveché su tiempo de convalecencia para organizar mis cuentas. Por más de año y medio, había dejado de abrir las cuentas y la correspondencia del banco y todo se lo pasaba a Nadia. Encontré una montaña de cartas sobre su escritorio y empecé a revisarlas para que cuando Nadia regresara no tuviese tanta carga.

El primer sobre que abrí era mi estado de cuenta del banco.

Inicialmente, me alegré al ver una transacción por $19.000, la cantidad aproximada que estaba esperando que American Express me devolviera por un viaje al lejano oriente con mi ex esposo, el cual suspendimos al momento de la separación. Pero al fijarme bien, noté que no era un reembolso. Era un retiro. El dinero se había usado para pagar mi tarjeta de crédito.

Llamé a American Express y me dijeron que el dinero había sido transferido electrónicamente para pagar los muchos cargos que tenía con ellos. "¿Como cuáles?", pregunté. La empleada leyó el primero. Era un cargo de una tienda por Internet, Amazon.com. Me pareció que era un error ya que yo nunca compraba cosas por Internet. Cuando le dije que quería disputar ese cargo, la empleada me dijo: "¿Cuál de ellos? Hay más de veinte sólo en Amazon.com".

Me sentí como un detective en una película de suspenso cuando descubre que el asesino que anda buscando ha estado debajo de sus narices desde el principio. Sólo podía ser obra de la persona que había estado a mi lado en los peores momentos de mi vida: Nadia.

La empleada de la compañía de crédito comenzó a leerme docenas y docenas de cargos hechos por Internet, cientos de ellos habían sido efectuados varios meses atrás. El balance de mi tarjeta de crédito ascendía a miles de dólares por mes y cada mes la cuenta había sido saldada mediante una transferencia directa de mi cuenta bancaria.

Pasé las siguientes horas cerrando todas mis cuentas de crédito y alertando a los bancos del fraude. Luego, llamé a las autoridades. Me recomendaron que no dejara que Nadia supiera lo que yo había descubierto para evitar que intentara ocultar la evidencia o incluso abandonar el país. Entonces, me tocó hacer una llamada telefónica digna de un Oscar. Nadia me contestó desde su cama, pues todavía se estaba recuperando de la cirugía plástica. Le pregunté cómo se sentía y le comenté casualmente que alguien me había robado el bolso en un restaurante. "Por suerte", le dije, "lo único que se llevaron fueron unos cuantos billetes y mis tarjetas de crédito".

Después de un segundo de silencio, Nadia se ofreció a comunicarse con las compañías de las tarjetas de crédito para que cerraran mis cuentas y me enviaran tarjetas nuevas a la mayor brevedad.

"Qué linda, no te tienes que preocupar, tú te estás recuperando. Ya yo me encargué de cancelar todas las tarjetas", le dije.

Esta vez, el silencio fue mucho más prolongado y con eso me lo dijo todo.

Nadia fue arrestada a la mañana siguiente. Cuando los detectives la interrogaron, ella alegó que cargó todos esos artículos a mis tarjetas de crédito siguiendo mis instrucciones. Que la mercancía era para mí. Afortunadamente, yo era talla cuatro y ella talla ocho. Toda la ropa de diseñador que había ordenado por Internet, de lujosas tiendas como Neiman Marcus y Saks Fifth Avenue, eran talla ocho. Era obvio que estaba mintiendo.

Días más tarde, cuando las autoridades ejecutaron una orden de cateo en su casa, descubrieron cajas y cajas de mercancía sin abrir, incluyendo ocho paquetes de la tienda para niños Pottery Barn Kids. Todo había sido cargado a mis tarjetas de crédito.

En su bolso, encontraron una tarjeta del banco Capital One con su nombre. Había falsificado mi firma para abrir la cuenta sacando una tarjeta para ella y otra para su esposo, como si fueran usuarios autorizados. Esa tarjeta en particular, la utilizó para pagar la remodelación de la cocina de su casa.

Los agentes de la unidad de crímenes de cuello blanco también encontraron una pila de recibos de cargos que había hecho la tienda de mascotas del esposo de Nadia a mi tarjeta American Express. Allí mismo confiscaron la maquinita que había sido utilizada para hacer los cargos fraudulentos que ascendían a miles de dólares.

De acuerdo a uno de los detectives, también encontraron armas de fuego y un altar de Santería donde supuestamente habían colocado mi fotografía.

Me tardé meses en desenmarañar la compleja red financiera diseñada por Nadia para robarme cerca de $300.000 en un año y medio. Estaba decidida a proveerles a las autoridades evidencia sólida contra ella y a descubrir la dimensión del fraude. Pasaba cerca de seis horas al día hablando por teléfono con las compañías de tarjetas de crédito, los detectives y representantes de las tiendas donde Nadia había hecho las compras. Al escudriñar cada cuenta y cada documento que ella había firmado, descubrí que Nadia había dejado de pagar algunas de mis pólizas de seguro para gastar el dinero.

Tal vez muchos se pregunten cómo yo pude ser tan ingenua y no darme cuenta de que alguien estaba desfalcando mi cuenta bancaria. La respuesta es que Nadia había elaborado un sistema casi perfecto. Cada mes, me pedía que firmara un cheque para pagar el balance de cada una de mis tarjetas de crédito en su totalidad. La cantidad siempre era congruente con lo que yo estimaba haber gastado, razón por la cual nunca sospeché nada. Lo menos que me imaginaba era que en cuanto Nadia salía de mi oficina, ella rompía el cheque en mil pedazos. Iba a su computadora y mediante una transferencia directa de mi cuenta bancaria pagaba mis cargos legítimos y los suyos también. Sin que yo lo supiera, ella siempre cancelaba acceso por computadora a mis cuentas de tarjetas de crédito y las monitoreaba religiosamente. Antes de que el balance llegara a la cantidad límite, ella lo pagaba.

Mi contable y mi asesora financiera se quedaron en shock al enterarse de la estafa. Conversando con ellos, me enteré que no eran ellos, sino Nadia, la que siempre cancelaba las reuniones que teníamos programadas. Ella quería mantenerme aislada y bajo su control absoluto para poder seguir robándome.

Ahora entendía por qué estaba tan empeñada en copiar mi peinado y color de pelo. Había empezado a creerse que ella era yo. Por eso iba hasta al mismo salón de belleza que yo frecuentaba, el mismo que supuestamente había dejado de aceptar pagos con tarjetas de crédito, lo cual no era cierto. Me lo había hecho creer para asegurarse de que yo nunca usara mi tarjeta de crédito. De esta manera, cuando ella pagaba por sus servicios usando mi número de cuenta nadie la cuestionaba. Nunca presentó la tarjeta en sí, pero les daba el número que había copiado en un papelito diciendo que la tarjeta era de su esposo y ella tenía autorización para usarla. Como Nadia era mi asistente de confianza, nadie lo puso en duda.

Quedé horrorizada al descubrir que yo misma había pagado por los arreglos florales que Nadia y su esposo me había enviado en mis cumpleaños. Y que la famosa invitación a pasar un fin de semana en Nueva York también corrió por mi cuenta, porque todo lo cargaron a mi tarjeta.

Pero lo que se llevó el premio, fue su supuesto viaje un fin de semana a Disney World, algo que nunca sucedió. La semana anterior, ella se había reportado enferma, pero me aseguró que si necesitaba algo podía llamarla a cualquier hora a su celular. La llamé un par de veces para ver cómo se sentía y me alegró saber que estaba mejor y que no se veía obligada a posponer el viaje a Orlando que con tanto entusiasmo había planeado con su familia.

En realidad, ella no estaba enferma, sino en las Bahamas con su esposo tomando el sol. Se había inventado que estaba enferma para justificar su ausencia del trabajo durante una semana entera. Para no levantar sospechas, alquiló un teléfono satelital y, por supuesto, con mi tarjeta, al que transfirió las llamadas que llegaban a su celular. De manera que las veces que la llamé pensando que estaba tendida en su cama, ella estaba gozando en la playa.

Nadia había estado planificando el viaje a las Bahamas por un buen tiempo. Para despistar, un mes antes de viajar ordenó regalos para mis hijos en Disney.com, que cargó a una de mis tarjetas. Sabía que esos regalos le darían credibilidad a su farsa.

El robo incluyó desde cosas carísimas hasta lo más insignificante. Yo terminé pagando por la fiesta de cumpleaños de su hijito en una bolera de Miami y también por su almuerzo de $4 en Burger King.

Uno de los misterios que más me costó descifrar, fue cómo Nadia había logrado retirar miles de dólares en efectivo usando mi tarjeta de crédito de Visa que yo llevaba conmigo en todo momento. Cuando investigué a fondo, encontré que todo el dinero en efectivo había sido retirado de un mismo cajero automático ubicado en Telemundo y que todas las transacciones habían sido hechas a la misma hora: entre las cinco y las seis de la tarde, cuando yo estaba haciendo mi programa en vivo. Quiere decir que durante el programa, Nadia buscaba dentro de mi bolso, agarraba la tarjeta, retiraba el dinero y volvía a poner la tarjeta en su sitio antes de que yo regresara a mi oficina.

Ella hizo compras con mi tarjeta de crédito hasta el último minuto, incluso desde su cama mientras se recuperaba de la cirugía plástica. Tras su arresto, su esposo llamó al prestador de fianza con el celular que yo, sin saberlo, había estado pagando.

Para evitar una condena de cárcel, Nadia llegó a un acuerdo

con la fiscalía de la Florida. Se declaró culpable de robo de identidad y robo en mayor cuantía y accedió a devolver gran parte del dinero.

La vi por última vez el día que fue sentenciada en corte a cinco años de libertad condicional. No parecía estar ni arrepentida ni avergonzada. No nos cruzamos la mirada ni una sola vez.

Cuando salí del tribunal con mi cheque en mano, no estaba ni alegre ni victoriosa. Simplemente, había ido allí para recibir el dinero que me correspondía y nada más. Para mí fue una fría transacción comercial. No derramé ni una sola lágrima por la traición de Nadia, pues me di cuenta de que la Nadia que yo quería tanto y en quien había depositado mi confianza nunca existió.

Esa amarga experiencia me enseñó que uno no debe huir de los problemas sino enfrentarlos. Nunca debí haber descuidado por completo algo tan delicado como mis finanzas. Al hacerlo, perdí el control de mi vida y pagué un alto precio.

A muchos les sorprende que desde entonces yo haya contratado otros asistentes. No se explican cómo puedo confiar en ellos después de lo que hizo Nadia. Para mí es muy sencillo. Si yo hubiese permitido que Nadia me robara la fe que tengo en la humanidad, entonces sí hubiera perdido algo irreemplazable.

29

---⊗⊗⊗---

AUNQUE QUIERAS VENDER REVISTAS, NO VENDAS TU ALMA

Son muchos los que sueñan con algún día estar en la portada de una revista. Y hubo un tiempo en que yo compartía ese sueño. Quién me hubiera dicho que iba a terminar no en una sino en más de cien portadas diferentes y, mucho menos, que rechazaría la oportunidad de estar en la portada de *People en Español*. Lo hice porque creo firmemente que es nuestro deber defender las causas justas, aunque esto signifique pasar por alto una gran oportunidad.

Era enero de 2006 cuando recibí una llamada del editor de *People en Español*, con quien había establecido una estrecha amistad después de haber salido en la portada de la revista más de una docena de veces. Quería que yo apareciera en la portada de una próxima edición de la revista que iba a llamarse "Las Cinco Divas de la TV", en la que saldrían las presentadoras más populares de la televisión hispana.

El título me chocó un poco porque la palabra *diva* tiene una connotación negativa. La gente asocia ese término con estrellas que son difíciles, exigentes y que se creen superiores a todos los mortales. Aun así, tomé una decisión muy antidiva, aceptando la oferta sin tan siquiera preguntar con quien compartiría la portada.

Para mí, lo más importante era demostrarle a *People en Español* que apreciaba su apoyo a través de los años. De modo que aun cuando me enteré de que compartiría la portada con algunas celebridades que tenían menos trayectoria que yo, mantuve mi compromiso.

La sesión de fotos para esa portada tuvo que ser reprogramada en un par de ocasiones porque una de las otras "divas" sí se estaba comportando como tal. Pero cada vez que me llamaban para cambiar la fecha, yo accedía sin ningún problema.

Hasta que una conversación cambió todo el panorama.

Una semana antes de que por fin se realizara la sesión, recibí una llamada de la gente de *People en Español* para concretar los detalles finales. Me dijeron que yo estaría en la portada de todas las ediciones, tanto la que recibirían los suscriptores como la que estaría a la venta en los estanquillos. Además, querían que supiera que durante la sesión de fotos, estarían filmando en video lo que pasaba tras bastidores. Ese material se iba a incluir en el video clip que *People en Español* le proveería a mi programa *Al Rojo Vivo*, junto a una portada favorecedora a Telemundo, para promover la edición.

Sabía lo que eso quería decir. *People en Español* también había preparado una portada sólo para Univisión.

Después de haber trabajado por tantos años en Univisión, me consta que la cadena tiene una política de no sacar al aire ninguna portada de revista en la que salgan talentos de la competencia. Así que todas las revistas dirigidas al público hispano, incluyendo *People en Español,* tenían que tomar una difícil decisión: editar sus portadas o resignarse a que no salieran en los programas de la cadena número uno de habla hispana. En este caso, *People en Español* optó por hacer varias portadas para propósitos promocionales; una, donde salían únicamente las divas de Univisión, y otra donde salíamos las de Telemundo.

"No necesitamos una portada hecha especialmente para Telemundo", respondí. "Nosotros queremos promocionar la que realmente va a salir al mercado, no importa quién esté en ella".

Una de las razones por las que decidí unirme a Telemundo fue porque la cadena no cree en la censura ni manipula la realidad. Así que le dije a *People en Español* que no podía ser parte de la edición de las divas.

Sabía que esa decisión ponía en riesgo la buena relación que tenía con la revista, pero algo mucho más grande estaba en juego. Considero que los gigantes de las comunicaciones, como Univisión, tienen el deber de fomentar prácticas éticas en la industria y dar el ejemplo. Entre otras cosas, ejercer presión sobre las revistas perjudica a los jóvenes talentos que no trabajan en Univisión y que sueñan con despuntar. ¿Qué revista los va a poner en la portada si al hacerlo se arriesga a que Univisión no promueva la edición?

Tengo que darle crédito a *People en Español* porque a pesar de todo lo que provoque incluyeron mi punto de vista en la famosa edición de las divas. Y no sólo lo publicaron, sino que me dieron un lugar prominente en la portada. Decía: "Las Divas de la Televisión: Cinco Juntas y Una Ausente. ¿Dónde está María Celeste?". Adentro, el artículo me citaba: "Creo que cuando alguien es escogido para una portada, debe ser por sus méritos y logros, no por la cadena con la que está afiliado".

Imagínense mi sorpresa cuando para la siguiente edición, *People en Español* me dedicó la portada entera.

Todo esto reafirmó mi creencia de que cuando uno actúa de acuerdo a sus principios y no de acuerdo a lo que más le conviene, se gana el respeto de los demás. Es importante mantenernos fieles a nuestras convicciones sin temerle al resultado final.

En esta vida, no hay garantías. Pero el universo definitivamente conspira para recompensar a quienes hacen lo correcto.

30

—⊸⊰⊱⊷—

SABRÁS QUE ES AMOR VERDADERO CUANDO ESTÉS DISPUESTO A SACRIFICAR UNA LANGOSTA POR ATÚN EN LATA

Hay pocas cosas en el mundo que provoquen más ansiedad que saber que la persona que uno ama está saliendo con otra.

Aun así, es muy probable que todos nosotros tengamos que pasar por esa horrible experiencia por lo menos una vez en la vida.

Yo he perdido la cuenta, pues han sido muchas las ocasiones en que me ha tocado vivirlo, empezando por mi primera desilusión amorosa cuando estaba en primer grado. Lo que sí recuerdo es cuándo aprendí a lidiar con el desamor. Fue a principio de los años ochenta, cuando cursaba el segundo año de universidad en Nueva Orleáns.

Había estado saliendo con mi primer novio, Vince, por unos dos años cuando el Día de San Valentín (¡no pudo escoger otro!) decidió romper conmigo. Cursábamos el segundo año, éramos jóvenes sin mucha experiencia y él quería tener la libertad de salir con otras personas. Típico.

Lo tomé como un rechazo personal y juré que desde ese día en adelante odiaría el Día de San Valentín.

Me sentí más dolida aun cuando me enteré de que Liz, una chica que había estado siempre interesada en Vince, había planeado una lujosa cena con langosta en la mansión de su familia cerca de la universidad. El invitado de honor era nada menos que Vince. *Mi* Vince.

La noche del festín yo no tenía apetito. Aun así, abrí una lata de atún y me preparé una ensalada para picar algo y de esa manera dejar pasar el tiempo.

No cesaba de preguntarme qué tenía Liz que no tuviera yo. Me frustraba que mi familia no viviera en Nueva Orleáns, como la de ella, y que mi nevera estuviera vacía y no llena de langostas como la suya. Me sentía triste porque no podía competir.

Me torturaba imaginándome todo tipo de escenas y conversaciones románticas entre Vince y Liz cuando sonó el timbre de mi apartamento.

Era él.

Me agarró, me abrazó fuertemente y me dio un beso como hacen en las películas. Yo estaba totalmente confundida y no entendía lo que estaba pasando. Se suponía que a esta hora ya estuviera con Liz disfrutando del postre. Pienso que me leyó la mente.

"Prefiero comer atún contigo que langosta con Liz", dijo con una sonrisa pícara.

Eso me pareció un cuento chino. Pero sonó tan bien que me lo quise creer.

Fue una noche inolvidable, aun cuando lo único que hicimos fue terminar la ensalada de atún y ver televisión.

A partir de ese día, cuando quiero determinar si algún pretendiente vale la pena, lo someto a la prueba de la langosta y el atún.

La respuesta lo dice todo.

• • •

Recordé ese incidente muchos años después, durante una cena con el hombre del cual me enamoré tras mi segundo divorcio. Estábamos compartiendo una pizza y una botella de vino cuando me comentó que la pizza le sabía a gloria y que no la cambiaría ni por un viaje a París.

Hacía apenas un año que se había divorciado y me dijo que en la última etapa de su fracasado matrimonio había ido a París con su esposa en un intento por salvar la relación. Se dio cuenta de que ya no había nada que salvar cuando en un magnífico hotel en la ciudad más romántica del mundo, él terminó mirando las paredes de la habitación mientras su esposa leía un libro en la cama.

Estuvimos de acuerdo en que los momentos especiales se definen no por el lugar ni por el lujo, sino por la compañía.

Cuando el amor es el plato fuerte, no hacen falta acompañantes.

31

LAS PERSONAS QUE PARECEN INSIGNIFICANTES SON QUIENES A MENUDO LOGRAN COSAS VERDADERAMENTE IMPORTANTES

Con frecuencia, los televidentes de mi programa de televisión me preguntan cuál es la persona más fascinante que me ha tocado entrevistar durante mi carrera periodística. Con frecuencia, mi respuesta los deja sorprendidos: "No hay una sola persona, hay muchas. Y ninguna de ellas es famosa".

Por lo regular, los políticos, los ricos y los famosos no

dicen ni una palabra sin consultar primero a su publicista. Sin embargo, las personas comunes y corrientes son mucho más abiertas y dicen lo que sienten. Además, tienen mejores historias que contar. Algunos son verdaderos héroes anónimos.

Uno de ellos es Don Pachico Mayoral.

Conocí al humilde pescador en marzo de 2008 cuando viajé a Baja California, México, para una asignación especial del noticiero *Nightly News* de la NBC y de mi programa en Telemundo, *Al Rojo Vivo*. Fui para hacer un reportaje sobre las ballenas grises que cada año emigran al santuario marino en la Laguna San Ignacio y terminé haciendo un segundo reportaje sobre este extraordinario ser humano.

Don Pachico es el vivo ejemplo de cómo una sola persona puede hacer una gran diferencia por preservar el medio ambiente y hacer de este mundo un mundo mejor.

Su historia comenzó hace más de cuarenta años cuando él estaba pescando en la Laguna San Ignacio y, de repente, una enorme criatura salió a la superficie y se le quedó mirando. Al ver a la ballena gris que era diez veces más grande que su pequeño bote, se quedó petrificado. No quería ni moverse, pensando que la ballena podría enfurecerse y voltear su embarcación.

Desde pequeño, había escuchado infinidad de relatos sobre

cómo las ballenas grises atacaban a los humanos, hundiendo y destruyendo sus embarcaciones. Las llamaban "Pez Diablo" porque eran muy violentas. Y con razón: a finales del siglo diecinueve, los cazadores de ballenas casi acaban con la especie.

Sin embargo, la ballena que se le acercó a Don Pachico no era nada diabólica, pero sí curiosa. Durante largo rato, el gigantesco animal aparecía y desaparecía bajo la superficie, como si estuviera jugando. Fue tan insistente, que la próxima vez que se acercó al bote, Don Pachico se atrevió a tocarla. Para su sorpresa, a la ballena pareció gustarle. Fascinado, el pescador permaneció allí unos cuarenta minutos acariciándola hasta que la tierna criatura finalmente se marchó.

Que se sepa, Don Pachico fue el primer ser humano que tocó una ballena gris y vivió para contarlo. Ese encuentro no sólo cambió su vida sino que también terminaría por salvar la vida de muchas ballenas.

Desde aquel día, Don Pachico se propuso demostrarles a los demás pescadores cuán dóciles eran estos animales. Al principio, pensaron que estaba loco. Pero pronto cambiaron de opinión al ver que Don Pachico comenzó a llevar a turistas a conocer las ballenas, que se dejaban acariciar como si fueran perritos falderos.

Cuando lo entrevisté, describió las ballenas como gigantes nobles con una capacidad inmensa para perdonar. "Señorita periodista, yo siento que mis ballenitas tienen un corazón más grande que su tamaño. Es por eso que nos dejan tocarlas, a pesar de todo el daño que les hemos hecho los humanos", me dijo.

Todo lo que dice Don Pachico es poesía, dicho con la sabiduría que le viene de pasar cincuenta y tres años en el mar.

Él y sus hijos están consagrados a la misión de proteger la Laguna San Ignacio, a donde cada invierno llegan cientos de ballenas para aparearse y tener sus crías. Hace años, le ofrecieron una buena suma por sus tierras para desarrollar un complejo turístico a la orilla de la laguna. Pero Don Pachico rechazó la oferta. Prefirió quedarse allí viviendo humildemente, sin electricidad y con poca agua potable, pero cerca de sus amigas consentidas.

En la década de los noventa, Don Pachico descubrió que la poderosa empresa Mitsubishi planeaba construir un complejo industrial salino en la Laguna San Ignacio con el apoyo del gobierno mexicano. El proyecto hubiese destruido medio millón de acres de terreno y hubiese sido dañino para toda la ecología de la zona, incluyendo las ballenas. No se sabe cómo lo hizo, pero Don Pachico obtuvo una copia de los planos del proyecto y se los entregó a una organización ambientalista que contactó a otras, formando una coalición. Don Pachico y los activistas denunciaron los planes de la Mitsubishi e hicieron un llamado a la comunidad internacional para que interviniera. Después de años de protestas, lograron ponerle freno a la construcción del complejo industrial. De esta manera, preservaron esa maravilla de la naturaleza.

Don Pachico me contó todo esto muy casualmente, como si no tuviese nada de extraordinario. Él es un hombre modesto y cristalino al que no le interesa ni el dinero ni el prestigio. Para él, la mayor recompensa es haberse ganado el título de "Abuelo de las ballenas" y poder cuidarlas hasta el fin de sus días.

Gracias a sus principios morales y entereza de carácter, los mexicanos y la humanidad en general, pueden disfrutar de un lugar único en la tierra: la Laguna San Ignacio, un santuario de ballenas que es patrimonio de la humanidad.

32

~~∞∞∞~~

NO DISCUTAS CON TU MAMÁ PORQUE PROBABLEMENTE ELLA TENGA LA RAZÓN

Sé que a veces saco de quicio a mis hijos. Pero ese es mi trabajo. Soy su madre. Sé que les digo cosas que ellos *creen* saber ya, que parezco enfocarme en lo negativo, que le encuentro defecto a todo y que no les doy una palmadita en la espalda con suficiente frecuencia. Tal vez se pregunten por qué soy tan dura con ellos. Si les sirve de consuelo, en este aspecto mi mamá es igualita a mí. Aun hoy, a pesar de que soy una mujer "hecha y derecha", sus "sugerencias para mejorar" me ponen al rojo vivo. Sin embargo, con el tiempo he llegado a valorarlas.

Cuando empecé a trabajar como presentadora de noticias en Nueva York, desarrollé el hábito de llamar a mi mamá después de cada transmisión. En aquella época, ella vivía muy cerca de mí en New Jersey y estaba feliz porque podía verme todas las tardes por televisión. Analizar mi noticiero vespertino se convirtió en su pasatiempo favorito.

Tan pronto ella contestaba el teléfono, comenzaba a darme cátedra sobre mi acento y pronunciación. Sabía que algunos de mis compañeros de trabajo me estaban criticando por mi marcado acento puertorriqueño, por eso estaba decidida a que yo hablara un español puro, perfecto y claro, como el que ella había aprendido en el colegio de monjas españolas al que asistió de pequeña.

Cada vez que me escuchaba hablando, no me dejaba terminar la oración.

"María Celeste tienes que pronunciar esa palabra como debe ser", me interrumpía.

"Está bien, mami, está bien", le decía, tratando de cambiar el tema.

"No señorita, no está bien. Si estuviera bien, no lo estarías haciendo mal", seguía insistiendo.

Siempre me llamaba la atención cómo podía pasar una hora entera en el teléfono analizando el noticiero que tan sólo era de media hora. Pero así es ella. Me inspeccionaba todos los días de arriba a abajo y me hacía observaciones sobre mis ademanes, el maquillaje y hasta la forma en que cruzaba la piernas. No me perdonaba una.

"Es que tengo que decirte estas cosas porque si no lo hago yo, nadie lo hará. Yo quiero lo mejor para ti", decía.

A menudo yo terminaba muy molesta y convencida de que hubiese sido mejor no haberla llamado. Pero en el fondo, confiaba en su criterio y sabía que estaba en lo cierto. Por esa razón, al día siguiente, la volvía a llamar y la escena se repetía una y otra vez.

En otras ocasiones, su conversación giraba en torno a la competencia. Cuando mi noticiero estaba en comerciales, ella cambiaba de canal para ver el noticiero rival y tomar nota de lo que estaba pasando. Así, cuando hablaba conmigo ya tenía listo un análisis exhaustivo de los puntos a favor y en contra de ambos programas. Por supuesto, eso venía acompañado de una lista de los cambios necesarios que yo debería implementar si quería acabar con la competencia.

Si yo le discutía, como solía hacer, ella replicaba: "A ti no se te pueden decir las cosas porque tú no haces caso. Estoy perdiendo mi tiempo". Era implacable. Pero gracias a eso y a su disciplina de sargento del ejército fue que finalmente mejoré casi todas las cosas que tenía que mejorar.

Para mi asombro y horror he descubierto que con los años, como le pasa a muchas mujeres, me he convertido en una réplica de mi madre. Por ejemplo, vivo batallando con mis hijos para que hablen español. Cuando me hablan en inglés, me hago la que no entiendo y les pido que repitan lo que han dicho, en español.

"Mami, ¡por favor!" dicen torciendo los ojos.

Se lo repito hasta veinte veces al día, añadiendo que si no son bilingües, van a estar en desventaja con los niños de otros países que dominan tres y cuatro idiomas. También los fastidio con mi constante insistencia para que tengan buenos modales en la mesa. Insisto en que se pongan la servilleta sobre el regazo, que no pongan los codos en la mesa y que no hablen con la boca llena.

Sé que detestan cuando lo hago. Pero también sé que un día me lo agradecerán, así como le agradezco a mi mamá todas las cosas que me martilló por mi propio bien.

Por cierto, hoy en día ella vive en Miami, a un paso de mi casa. Está jubilada, pero sigue muy involucrada en su trabajo de productora extraoficial de televisión. Ella ve varios noticieros al día, lee los periódicos más importantes y *está pegada* a la Internet. Está al tanto de las noticias y constantemente me sugiere historias para mi show en Telemundo. Hasta el sol de hoy, la llamo después de cada transmisión de *Al Rojo Vivo*. Y nuestras discusiones son muy similares a las que teníamos hace tantos años cuando empecé en la televisión. De hecho, todas comienzan de la misma forma.

"¿Qué te pareció el programa?", le pregunto.

"Bueno... estuvo... OK", me dice.

"¿Cómo que OK? ¿Por qué solamente OK?", respondo.

En ese momento ella siempre guarda silencio, por aquello del efecto dramático. Es entonces cuando pasan por mi mente todas las pequeñas fallas del programa de esa tarde, que son inevitables cuando se trata de un programa en vivo. Muchas son cosas de las que sólo yo me doy cuenta. O eso creo.

"No, no es nada realmente grave. Es sólo que...", me dice. Y ahí procede a enumerarme todos y cada uno de esos pequeños errores que a mí me molestaron del programa de esa tarde y que pensé que nadie había notado. Por eso, en los días cuando todo sale mal, como a veces pasa en este negocio, ni me molesto en llamarla.

Sí, todavía logra hacerme enfurecer. A todos nos gusta que de vez en cuando nos digan cosas buenas y ella nunca ha sido generosa con sus elogios. Pero ahora que soy madre, entiendo por qué. Mi mamá quiere para mí lo mismo que yo quiero para mis hijos: que cada vez sean mejores y se esmeren por alcanzar la excelencia.

Una ocasión en que yo creía haber hecho un trabajo excelente fue en mayo de 2008 cuando entrevisté a la senadora Hillary Clinton para Telemundo y la cadena anglosajona MSNBC. Era un momento culminante en la carrera política de la ex primera dama, que tenía posibilidades de regresar a la Casa Blanca, esta vez como la primera mujer presidente de Estados Unidos. Fue uno de esos días en que todo salió a la perfección. Llamé a mi mamá pensando que no tendría de qué quejarse.

"Bueno, ¿qué te pareció la entrevista?" le pregunté.

"Estuvo bastante bien. Me gustó", dijo midiendo sus palabras.

"¿Te gustó o te encantó?", dije. Era obvio que estaba buscando un halago y ella lo sabía.

"Me gustó mucho. Te quedó muy bien. Lo que pasa es que a ti no se te puede alabar mucho porque te duermes en los laureles", respondió.

Uno nunca puede ganar con ella. Aun así, en estos momentos ella se encuentra corrigiendo el manuscrito de este libro a través del correo electrónico, corroborando la información e indicándome las faltas gramaticales. Sólo que en esta ocasión lo está haciendo porque yo se lo pedí. Siempre aporta buenas observaciones y me gusta contar con su aprobación. ¡No sé qué haría sin ella!

"No voy a dejar de llevarte recio", todavía me dice. "Soy tu madre. Te voy a decir las cosas como son".

Mi mamá me enseñó que escuchar las cosas negativas es muy valioso. Sólo los que verdaderamente quieren y se preocupan por uno están dispuestos a decírnoslas, por eso hay que mantenerlos cerca y tomar sus críticas seriamente.

Estoy segura de que mis hijos algún día se darán cuenta de que detrás de mis cantaletas hay consejos válidos que les doy con amor. Pero sé que sólo lo entenderán por completo cuando tengan sus propios hijos. Me los imagino como un disco rayado, diciéndole a mis nietos: "¡Hablen en español!".

No sé dónde estaré cuando eso suceda, pero sí les garantizo que cuando pase, lo voy a disfrutar.

33

~~~∞∞∞~~~

PARA SER PERDONADOS
DEBEMOS ASUMIR TODO
EL DAÑO QUE HEMOS HECHO

Desde lo alto de la ciudad de Río de Janeiro, el Cristo Redentor inclina su cabeza, siempre pendiente del pueblo a sus pies, con los brazos extendidos, listo para recibir sus pecados, listo para perdonar a quienes están verdaderamente arrepentidos.

He alcanzado la cima del Cerro del Corcovado en dos ocasiones. En ambas, le entregué mis lágrimas amargas al Cristo Redentor. En ambas, la majestuosa imagen de piedra me recibió con los brazos abiertos, con la canción *Ángel* de trasfondo, como si fuera un himno, mientras yo subía las interminables escalinatas hasta la cúspide. Pero fue sólo en mi segunda y última visita cuando Él aceptó mi carga. Porque para ser perdonados, para entender verdaderamente la dimensión de nuestras faltas, primero tenemos que vivir en carne propia lo que sufrió la persona a quien le fallamos.

Si cierro los ojos, aún puedo recordar los días tan felices que viví junto a mi primer esposo, Guillermo.

Cada noche, cuando regresábamos a la casa después de un largo día de trabajo, Guillermo se dedicaba a preparar una elaborada cena gourmet mientras yo me duchaba. Cocinar era su pasatiempo favorito y su manera de combatir el estrés. Cuando yo salía del baño, la mesa estaba servida y nos sentábamos a comer a la luz de las velas hasta la medianoche. Me contó que de niño, solía ir de pesca con su padre quien le dijo que la única persona que siempre tiene un lugar asegurado en un barco es el chef. Por eso aprendió a cocinar platillos tan suculentos que podían competir con los de los mejores restaurantes del mundo.

Cada vez que yo elogiaba un platillo en particular, él me

explicaba la receta para que aprendiera a prepararlo igual que él. Así era con todo. Me enseñó a escoger un buen vino para la cena y me llevó a Japón, Hong Kong y Europa. Como yo era dieciséis años menor que él, Guillermo quería que yo aprendiera y conociera el mundo. Era su princesita.

Guillermo era generoso con su tiempo y con su amor. Él mismo me aconsejó que no cambiara mi apellido de soltera y que estableciera mi propio crédito. Quería que yo mantuviera mi identidad y mi independencia, para que si algún día él faltase, yo no tuviera que depender de ningún hombre. Siempre se ocupó de mi bienestar.

Cuando me ofrecieron un trabajo en Nueva York, él fue mi mayor apoyo. Aunque tendríamos que vivir en ciudades diferentes, él me dejó ir porque sabía que esa oportunidad me ayudaría a crecer profesionalmente.

Guillermo era muy diferente a los esposos de mis amigas que, por lo general, trataban desesperadamente de controlarlas, fomentando su ignorancia e inseguridad para mantenerlas a su lado. Aunque cuando me casé yo sólo tenía veinticuatro años, era lo suficientemente madura para reconocer lo mucho que Guillermo me amaba y lo excepcional que era como ser humano. Él sabía que me faltaba mucho por vivir, por madurar y crecer. Y en vez de cortarme las alas, me dejó volar.

En un principio, disfrutamos de vernos los fines de semana, ya fuese en San Juan o en Nueva York. Desafortunadamente, el tiempo y la distancia inevitablemente fueron abriendo un abismo entre nosotros. Guillermo permaneció en Puerto Rico para atender sus negocios y nunca me pidió que sacrificara mi carrera y regresara a casa.

Aunque traté de recuperar la chispa de nuestra relación, me fue imposible. Quisiera o no, y aunque me costara admitirlo, me había alejado de mi esposo. La pasión que un día sentí por él se fue apagando y lo que quedaba era el respeto y la admiración.

Tal vez por eso se me hizo tan difícil decirle que todo había terminado.

Guardé silencio por mucho tiempo y eso nos alejó aun más.

Tenía deseos de comenzar una nueva vida y me sentía divorciada emocionalmente, aunque legalmente no lo estaba. Pero no le pedía el divorcio porque en mi inmadurez pensaba que al callar, estaba evitando que él sufriera.

Ese error y mi propia cobardía, terminaría haciéndonos daño no sólo a nosotros dos.

Después de varios meses en Nueva York, me enamoré de un joven que despertó en mí sentimientos que creí habían muerto con Guillermo. Al principio, ese buen amigo respetó que yo era una mujer casada y no me presionó para que tomara una decisión. Sin embargo, con el tiempo nuestra relación fue evolucionando y él quiso formalizar las cosas. No se explicaba qué era lo que me impedía pedirle el divorcio a Guillermo si llevábamos tanto tiempo viviendo a miles de millas de distancia.

"Demuéstrame que esa otra relación se acabó definitivamente. Quiero sentir que a quien quieres es a mí", me decía mi nuevo amor. Aun así, yo no encontré el valor para decirle a Guillermo lo que debía. Vacilé y, con el tiempo, el joven que me había entregado su amor sincero se cansó de esperar y dio por terminada nuestra relación.

Esa herida aun estaba sangrando cuando seis meses después viajé a Río de Janeiro para hacer un reportaje de televisión. Cuando terminamos nuestro trabajo, no quisimos irnos de la ciudad sin antes visitar el Cristo del Corcovado, la imponente estatua de setecientas toneladas de peso que es un monumento a la fe del pueblo brasileño. Mientras subía las dos mil escalinatas hacia el Cristo misericordioso, escuché una canción que provenía de los altoparlantes:

"Tú eres un ángel

que alumbra mi corazón..."

Era la canción *Ángel* de Jon Secada, un tema que me recordaba al joven que había perdido por mi falta de valentía. Me tomó completamente por sorpresa y comencé a llorar. Lloré desde lo más profundo de mi corazón. Lloré por mí misma y lloré por el amor que se me había escapado entre las manos. Sentía una carga intolerable de culpa y arrepentimiento. Levanté mi cabeza, miré al Cristo Redentor y pedí perdón. Se lo pedí al cielo y a mí misma también.

Ya de camino al aeropuerto, vi al Cristo en la distancia. Pensé en la lección de vida que había aprendido sobre la importancia del valor y la honestidad y me prometí a mí misma que jamás volvería a cometer el mismo error. Lo que no imaginaba, era que yo apenas había aprendido la mitad de esa lección y que se necesitaría otra década y otra visita a esa Maravilla del Mundo para que se cerrara el ciclo.

En la primavera de 2002, viajé con Manny, mi segundo esposo, a Brasil para asistir a una importante carrera de Fórmula Uno en la ciudad de São Paulo. Él siempre ha sido un gran aficionado del automovilismo, una pasión que yo también comparto. Era la oportunidad perfecta para hacer algo que nos uniera como pareja.

Sólo dos meses antes, yo había descubierto que Manny había tenido una aventura extramarital. Me imagino que desde hacía tiempo, él había querido decirme que sentía que nos estábamos distanciando. Pero no encontró el valor de hacerlo y al guardar silencio, se abrió más la brecha. La intimidad termina donde comienzan los secretos. Ahora que yo lo sabía todo, estábamos decididos a luchar juntos por nuestro matrimonio y nuestros tres hijos.

Después de São Paulo, volamos a Río de Janeiro. Era una ciudad a la que siempre había querido regresar y más ahora sabiendo que Manny había estado allí con la otra mujer. Deseaba pasar unas vacaciones inolvidables con él para que tuviera un nuevo recuerdo de este lugar, uno que él y yo pudiéramos compartir.

Por más que traté de que tuviéramos una luna de miel, yo sentía a Manny ausente, como si estuviera escondiendo algo. Deseaba pedirle lo que una vez me habían pedido a mí: *"Demuéstrame que esa otra relación se acabó definitivamente. Quiero sentir que a quien quieres es a mí"*.

Mientras subía las escalinatas hacia la estatua del Cristo Redentor, me pasó algo difícil de creer. Escuché la misma canción que había escuchado en ese mismo lugar diez años atrás: *Ángel*, el tema que me calaba tan hondo. No sé si allí tocaban el mismo repertorio una y otra vez o si la música que salía de los altoparlantes provenía de la radio. De cualquier modo, fue una coincidencia increíble. Concluí que el universo quería decirme algo.

Entre lágrimas, comprendí lo que era.

La primera vez que estuve ante el Cristo del Corcovado, le pedí perdón por haber sido deshonesta y cobarde. En ese momento pensé que haber perdido para siempre al joven que amaba había sido mi penitencia, pero me equivocaba.

Para aprender la lección en su totalidad, también tenía que sentir la misma angustia que sintió mi joven enamorado cuando me ofreció un futuro y no tomé una decisión. Tenía que sentir esa humillación de rogarle en vano a alguien que luchara por nuestra relación. Y debía sufrir en carne propia lo que sufrió Guillermo al amar a una persona que no era honesta con sus sentimientos. Todo esto lo viví con Manny.

Esa Navidad, Manny y yo nos separamos definitivamente. A pesar de todo el resentimiento que tenía hacia él por haberme traicionado, también sentí compasión. Él se había enamorado de otra persona cuando la distancia entre nosotros creció, como me había pasado a mí en mi primer matrimonio.

Ahora sé que en la vida, las lecciones son multidimensionales. Que uno no puede comprender por completo la profundidad y las consecuencias de sus actos hasta que no ha vivido desde la perspectiva de cada una de las personas afectadas.

Eso lo aprendí aquel día en el Corcovado cuando por segunda vez me hinqué ante los pies del Cristo que limpia los pecados y lloré.

34

~~~

.VIDABLE NO CUESTA NADA

...e he sido una mujer afortunada. He amado y me

...intensamente. Y algo que he aprendido en materias

... es que no cuesta mucho ser inolvidable.

...s dos ex esposos fueron espléndidos conmigo. El padre

...s hijos, Manny, siempre me compraba una prenda en la

...ría para marcar cada aniversario o el nacimiento de uno de

...estros niños. Guillermo, mi primer esposo, me regalaba

...oyas aunque no hubiera una ocasión especial que celebrar. Así

...era él.

He recibido mi porción de alhajas, flores y reg

Sin embargo, los regalos que más recuerdo no costa^{s.}

Esos dejaron en mí una huella que perdura.

———✲———

Tras pasar dos agotadoras semanas reportando desde la

Soviética en 1987, había llegado la hora de emprender el

viaje de regreso a mi casa en Puerto Rico. El primer vuel

de Moscú a Frankfurt, Alemania. Me tocó sentarme entre

hombres grandísimos que me tenían aplastada como si fuer

jamón de un sándwich. Ya no daba para más y no quería

pensar en el largo tramo que aún me faltaba para llegar a Sa

Juan. Mientras arrastraba mis maletas por el largo pasillo de l

terminal, alguien me agarró por la espalda haciendo que se me

cayeran todos los paquetes al piso. ¡Era mi esposo Guillermo!

Había volado de Puerto Rico a Alemania sólo para acompa-

ñarme en mi próximo vuelo y asegurarse de que viajara en

primera clase.

———✲———

A Manny probablemente le sorprendería saber que de todos los

regalos que me hizo, el que más me emocionó no le costó ni un

centavo.

La tarde antes de cumplir mis treinta y ocho años, había alerta de huracán en el sur de la Florida y mientras conducía a casa después del trabajo escuché en la radio que Pet Rescue, un albergue para animales, necesitaba voluntarios urgentemente que ayudaran a reforzar el techo y las ventanas del refugio para que el viento no se llevara la vieja estructura. A pesar de la desesperada súplica, yo sabía que dadas las circunstancias, era poco probable que alguien respondiera.

Llegué a casa sintiéndome angustiada de solo pensar en esos pobres animales indefensos en medio del ciclón.

Manny trató de levantarme el ánimo: "Mari, quiero ver una sonrisa porque mañana es tu cumpleaños y yo te voy a comprar un regalo maravilloso. Lo que tú quieras".

"¿Mi amor, sabes lo que me haría feliz? Que mañana fueras a Pet Rescue y les ayudaras", dije. "Ese es el regalo de cumpleaños que me encantaría recibir".

Al día siguiente, llegué del trabajo y me lo encontré vestido con una vieja camiseta y los pantalones que usaba para hacer reparaciones en la casa. Estaba sudado y sucio. En vez de ir a su oficina, había pasado el día en el albergue para mascotas, tal y como se lo había pedido. Fue un feliz cumpleaños gracias a ese gesto suyo y también porque a última hora el huracán cambió de rumbo y no llegó a Miami.

———∞∞∞———

Después de divorciarme de Manny, tuve una hermosa relación con un cirujano de Miami. Una tarde, yo estaba en mi casa con un grave resfriado cuando él me llamó para ver cómo seguía. Acababa de llegar a su casa tras pasar una hora en el tráfico después de un largo día en el hospital, de cirugía en cirugía. Estaba exhausto y deseoso por retirarse a descansar, pero tan pronto me escuchó toser en el teléfono, cambió de planes. Sin decirme nada, se subió nuevamente a su auto y manejó otra hora más hasta mi casa. Cuando abrí la puerta, allí estaba él, con una porción de sopa de pollo en la mano. ¡Tal y como me lo recetó el doctor!

———∞∞∞———

Una vez, me encapriché en un bolso de diseñador, pero cuando fui a comprarlo, ya los habían vendido todos. Sin decirme nada, mi pareja llamó a todas las tiendas en la Florida, en Estados Unidos y en Europa, hasta que encontró el que yo quería en Milán. Y lo coordinó todo para que me llegara a tiempo para el Día de las Madres. Era un bolso espectacular que costó una fortuna, pero lo que verdaderamente me conquistó fue el esfuerzo que hizo por verme feliz.

———∞∞∞———

Un joven al que quise mucho tenía un talento musical increíble, pero no contaba con los medios para comprarme regalos
caros. Sin embargo, los recuerdos que dejó en mí valen una
fortuna. En una ocasión, cuando ambos vivíamos en Nueva
York, me pidió que nos encontráramos en un restaurante para
desayunar. Era un hermoso lugar con mesitas en un patio inte-
rior rodeado de flores. Él estaba sentado al piano y tan pronto
me vio llegar comenzó a tocar una hermosa melodía que yo
jamás había escuchado. Al terminar, me confesó que había pasado toda la noche anterior componiéndola para mí. Nunca
olvidaré esa hermosa mañana de primavera ni aquellos acordes
del piano.

———∞∞∞———

Una vez volé de Nueva York a San Francisco para visitar a mi
novio. Esa noche, él me llamó al hotel para darme la bienve-
nida y apenas pudimos conversar porque yo tenía una fuerte
jaqueca. Era ya casi de madrugada y como no tenía aspirinas
en mi habitación, simplemente opté por regresar a la cama. Me
pareció que apenas había pasado un segundo, cuando mi novio
me llamó del vestíbulo donde me esperaba con un frasco de

aspirinas. Él se había levantado a esas horas y había conducido hasta la farmacia sólo para comprarme el analgésico porque quería que me sintiera mejor.

La noche siguiente, vino a recogerme en el hotel para celebrar la despedida de año y me colocó una venda en los ojos para que no supiera a dónde me estaba llevando. Manejamos hasta un lugar apartado y me dijo que esperara. Cuando minutos después abrí los ojos, encontré ante mí un hermoso picnic a la luz de las velas. Estábamos al borde de un acantilado desde donde se podía apreciar toda la bahía de San Francisco y el magnífico puente Golden Gate. Recibimos el año con fuegos artificiales.

Una noche al salir del trabajo, alguien muy especial me invitó de sorpresa a las Bahamas. Tenía un avión privado listo para despegar en el aeropuerto. A bordo, había una botella de champán y fresas, esperándonos para brindar. Pero lo que más recuerdo de ese viaje es lo que pasó después de llegar a nuestro destino. Me llevó a un restaurante con música en vivo y cuando menos lo esperaba se subió al escenario, agarró un micrófono y le anunció a los presentes que iba a dedicarme una canción.

Fue un gesto tan romántico que en cuanto comenzó a cantar, todos los que estaban allí le hicieron coro. Aunque como cantante dejaba mucho que desear, al terminar la canción le dieron una ovación.

También se mereció un aplauso cuando semanas después a mi hija le diagnosticaron meningitis y él pasó la noche entera junto a mí en el hospital acompañándome.

—⊷⊷⊷—

Esos son los regalos que perduran en mi memoria, los del corazón, los que al igual que una tarjeta hecha a mano, no tienen precio.

Le pido a Dios que mis hijos nunca sientan la necesidad de gastar más de lo que puedan para complacer a una mujer. Y que mi adorada hija, Lara, nunca piense que el número de quilates en un diamante equivale a cuánto la ama un hombre.

Lo cierto es que se me han extraviado algunas de las joyas que me han regalado. Otras, me las han robado o han pasado de moda. Y algunas no las uso simplemente porque me recuerdan a personas que prefiero olvidar.

De manera que si en el día de mañana hay un fuego o un huracán y tengo que salir corriendo de mi casa, prefiero dejar atrás todas mis prendas y llevar conmigo las cartas de amor.

Al final de todo, cuando las velas de tantas cenas elegantes se han apagado y los arreglos de flores se han marchitado, lo que recordamos es cómo esa otra persona nos hizo sentir.

Para mí, ese es el verdadero tesoro.

LA ÚLTIMA LECCIÓN

UNA BRÚJULA PARA LA VIDA

Seguramente han escuchado decir que la vida es una travesía. Y lo es.

Lo que nadie nos dice, es qué debemos llevar en el equipaje.

Yo viajo con una sola maleta que ha sobrevivido las tormentas que se me han cruzado en el camino. Es liviana porque sólo llevo lo esencial y porque he tirado por la borda todo lo que me pueda retrasar.

Nada demora más nuestro viaje que cargar con odio y

resentimiento pues ambos son como piedras muy pesadas. Si nos empeñamos en cargar con ellas corremos el riesgo de perdernos las nuevas aventuras, las nuevas posibilidades y descubrimientos que nos esperan. Lo mejor es lanzar los resentimientos al mar. Viajar con poco es una experiencia liberadora que nos permite alcanzar nuestras metas con mayor rapidez.

También hay que dejar atrás los prejuicios, que sólo sirven para distorsionar la visión. Los prejuicios son falsos espejismos en el horizonte que tratan de engañarnos para que cambiemos el rumbo. Es necesario aprender a identificarlos y sacarlos de nuestro equipaje.

Entonces, ¿qué llevar en la maleta?

Lleven la herramienta que nunca les fallará: sus principios. Cuando el sendero parezca oscuro, siempre les ayudará a encontrar el camino. En ocasiones, sentirán que su barco seguramente naufragará y que indudablemente se van a ahogar. Es entonces cuando deben poner su fe en la brújula de sus convicciones. Su brújula moral. Déjense guiar por ella y permitan que sus principios le señalen el Norte. Y manténganse firmes al timón.

Lleven con ustedes los recuerdos felices y las memorias de aquellas relaciones que enriquecieron su vida. Son testimonios de las paradas que hemos hecho a lo largo del camino y que le han dado razón de ser a nuestra jornada.

Naveguen por un mundo que tenga propósito, no uno de habladurías y cosas materiales. Se darán cuenta de que son menos las personas que transitan por ese camino y eso los ayudará a avanzar a toda vela. La búsqueda de fama y fortuna no les traerá felicidad. Puede que vean su nombre escrito en luces, pero su alma estará en la oscuridad. Puede que estén rodeados de muchos, pero se sentirán tan solos como en una isla desierta.

Al final del viaje, lo que verdaderamente importa es estar en paz con nosotros mismos y saber que durante todo el camino hicimos lo correcto. Porque para ser un buen marinero, primero hay que ser un buen ser humano.

UNA CARTA A MIS HIJOS

Mis queridos hijos:

Para mí es un reto monumental resumir en un libro todas las cosas que quisiera decirles, todos los consejos que quisiera darles y todas las advertencias que quisiera hacerles.

Me gustaría estar junto a ustedes durante muchos años más para llevarlos de la mano y ayudarlos a navegar por esta complicada, maravillosa y a veces difícil aventura que es la vida. Pero en caso de que algún día yo les faltara, he querido dejarles este legado para que sobrelleven mejor las pruebas que, sin duda, enfrentarán más adelante.

Ustedes me han conocido como su mamá, pero quiero que me conozcan como mujer y más que nada como persona, con la esperanza de que mis vivencias arrojen luz sobre las suyas y les sirvan de faro cuando no vean el camino claro.

Aunque todos quisiéramos ser inmortales, lo cierto es que en esta vida todo es efímero, todo pasa y nadie es indispensable. Sólo a través de nuestros hijos y de nuestras obras es que podemos dejar una huella en este mundo. Yo espero que siempre me recuerden y que no olviden estas enseñanzas que les dejo con el amor más puro y que han salido de mi corazón.

Si al menos una sola cosa que lean aquí les ahorra una lágrima o los ilumina en un momento oscuro, todo este esfuerzo habrá valido la pena.

Los adoro,

Mamá

AGRADECIMIENTOS

Este libro no hubiera sido posible sin la ayuda de varias personas:

Carlos Frías, que colaboró conmigo en la versión en inglés y pasó muchas horas escuchando mis anécdotas y ayudándome a organizar el material. Voy a extrañar nuestras sesiones semanales que él bautizó "Martes con Mari".

Irma Negroni, mi colega y querida amiga, que estuvo a cargo de la traducción al español y que durante el transcurso de varios meses me ayudó a reescribir y pulir ambas versiones.

Aprecio su paciencia, su perspicacia y sus acertadas observaciones.

Raúl Mateu, mi agente, que creyó en mí desde el primer día y que, desde entonces, ha estado siempre a mi lado.

Joe Bonilla, mi publicista, quien por muchos años ha hecho malabares para coordinar mis entrevistas, a pesar de mi apretada agenda.

Johanna Castillo, mi editora de Atria, quien confió en que tenía una buena historia para contar, mucho antes de que yo determinara cuál sería esa historia. Le agradezco su visión y su confianza.

Don Browne, presidente de Telemundo, por apoyarme a mí y a mi programa incondicionalmente. Le agradezco que me dé la libertad de trabajar en proyectos come éste, que son un desafío profesional ayudan a diversificar mi carrera. Gracias a Don, ¡el sol brilla en Telemundo!

Gerardo Oyola, del Departamento de relaciones públicas y promociones de Telemundo, que me ayudó a recopilar muchas de las fotos que aparecen en este libro.

Johanna Guerra, vicepresidenta ejecutiva del Departamento de Noticias de Telemundo, y Malule González, productora ejecutiva de *Al Rojo Vivo con María Celeste,* por su estímulo y entusiasmo.

Alejo Ortiz, mi talentoso maquillista, estilista y amigo, que por tantos días me maquilló y me peinó para mi programa—mientras yo escribía incansablemente en la computadora. ¡No sé cómo lo hace!

Y, finalmente, quiero felicitar al excelente equipo de *Al Rojo Vivo con María Celeste,* que se hizo cargo de que el programa saliera a la perfección en los días en que yo trabajaba contra reloj para terminar este libro. Me siento privilegiada de trabajar con un grupo de profesionales tan dedicados y tenaces.